この人を見よ

エッケ・ホモ

キリストの生涯

榎本保郎

いのちのことば社

本書は、月刊「百万人の福音」の連載「この人を見よ　キリストの生涯」（一九七五年九月号～一九七七年九月号）に掲載された内容を誤字脱字以外はそのまま掲載いたしました。現在では、差別語・不快語とされる言葉も含まれております。例えば「らい病」に関しては、執筆当時はらい病＝ハンセン病という考えが主流でしたが、現在は何の病であるか特定できないとして、ツァラアト（ヘブル語）などと表記されています。

はじめに

イエスは、このぶどう酒を受けると、「成し遂げられた」と言い、頭を垂れて息を引き取られた。

(ヨハネの福音書一九章三〇節、新共同訳)

私は今、この原稿をブラジルのサンパウロで書いている。二月の南半球、それは何もかもが、日本とは正反対の、ある種のパラレルワールドだ。夏が冬で、朝が夜。冬枯れの寒々とした季節とは対照的に、ブラジルは、緑の木々が生い茂り、色鮮やかな花が美しい。見える星も、北斗七星ではなく南十字星が輝いている。

今から四十七年前、父 榎本保郎は、この地を目指し、その途上ロスアンゼルスで、五十二年の生涯を閉じた。私は、その時高校一年生。ロスの病院で、父の死を看取った日のことを今も鮮明に覚えている。病室に一人残って、父の亡骸《なきがら》を抱きしめた時、突然脳天から爪先まで、電流が流れたような震えが走った。あまりの衝撃で、その時には誰にも言えなかったが、歳を重ねるに従って、それは一層はっきりと迫ってくるのだ。「あれは一体なんだったのだろう」と。

かつて父が目指し、行くことの叶わなかったブラジルの地に、今私は立ち、もう一度あの日のことを思い返している。何もかも真逆の世界が、この地球上の同じ時を共有している不思議さの中で、神の深く計り知ることのできない経綸《けいりん》を前にし、あの日の震えが、これであったことに気づくのだ。

さて、今回の『エッケ・ホモ（この人を見よ）　キリストの生涯』、未完成のイエス伝の出版もまた、この神の不思議に満ちている。私が、この未完の原稿の存在を知ったのは、ごく最近のことであった。静岡で毎月行われている聖書教室に来られる、一人の高齢の姉妹が、ご自分の記事の出ている昔の「百万人の福音」誌を持って来られ、同じ誌面に、父の連載があることを教えてくれたのだ。それはいのちのことば社創立二十五周年企画と題し、「百万人の福音」誌に一九七五年からその死の直前まで連載されていたもので、約二年間で二十五回分の原稿が残されていた。今治教会を辞任し、新たにアシュラム運動に専念する大きな決断をしたのちに書いた、榎本保郎牧師渾身の「イエス伝」である。

さて、今年度、その遺稿が、新たな本『エッケ・ホモ（この人を見よ）』というイエス伝として、いのちのことば社より出版される運びとなった。確かに本人もその中で書いているように、「キリスト伝などというものは、簡単に書けるものではない」が、しかし、どんな高名な神学研究よりも、個人の強烈な信仰体験の中にこそ、語るべき「イエス伝」があるのではないかと、私は思う。

この中に、次のような逸話が記されている。


ある時、ひとりの盲人が、わたしにこんな質問をしたことがある。

「二千年も昔、頼みもしないのに勝手に十字架についておいて、あれはおまえの罪のためのものであった、と言われてもありがた迷惑です」

なんと鋭いことばであろう。ふつうはここまで追いつめないものである。質問を受けたわたしは一瞬たじろいだ。かつてこのような質問を受けたことがなかったからである。教理の説明だけで信仰へと導こうとする者に対して、もっと実存的なかかわりがほしいと叫んでいるように思え、なにか自分の弱点をつかれたような感がした。しかし、質問を受けた以上、なんとか答えなければならない。

「頼んだから十字架についてくれたというのでは当然じゃないですか。頼まんのに十字架について死んでくれたところに神の愛があるんですよ」

わたしはとっさにこう答えた。すると彼は大きな声で、

「わかりました」

と言った。そこに出席していた人たちは、この禅問答のようなやりとりを聞いてどっと笑った。あるいはこの笑いの中には、みんなが持っている信仰のモヤモヤが晴れた喜びが含まれ

ていたのかもしれない。あとでよく考えてみると、なんだかよくわからない解答のようにも思えたが、このことから彼は熱心に求道し、やがて信仰を告白して信徒となり、いまもよき信仰生活を送ってくれている。(一七、一八頁)

信仰のモヤモヤ、私たちはそれをなんとか解消したいと願いつつ、聖書を読み、注解書を紐解《ひもと》き、説教に耳を傾ける。しかし、残念なことに、往々にして私たちは、このモヤモヤの解決を得ないままであることが多いのだ。そして、件《くだん》の盲人のように、鮮やかに、キリストの十字架と神の愛を、「わかりました」と叫べたなら、とつぶやきながら、その書を閉じてしまうのだ。

もちろん、その答えは、このイエス伝を読めば一瞬のうちに解決しますよ、などというつもりは毛頭ない。なぜなら、このモヤモヤの原因は、私たちの側にあるからだ。果たして、私たちは、牧師をたじろがせるほどの、また神学者を追い詰め、その弱点をつくほどの質問を持っているのか。礼拝堂の後ろ辺りに深々と腰かけ、腕を組み、「さて今日はどんな話か聞いてやろうか」などと心のうちに思っていないか。「結論はもうわかっている。キリストの十字架と神の愛だろう」、そううそぶきながら、しかし今日もその真実の解決を得ぬまま、会堂を後にしていないか。そうであるなら、そのモヤモヤは、いつまでも解決されぬまま、いや、もうそのモヤモヤさえも忘れて生きるなら、なんともったいないことだろう。しかし、スマホで瞬時に情報を得られ、AIが人間以上の答えを与えてくれる時代にあって、四十数年前に書かれた、このイエス伝が、時を超えて意味を持つとするならば、それは、語られる答えにあるのではなく、読む私たちの側が、これほどまでの真剣さを持って信仰を求めているのかどうか、という厳しい問いかけにこそある。「エッケ・ホモ（この人を見よ）」とは、まさにこの人を通して、私自身を見つめることに他ならない。

ところで、先にも書いたが、今回の本は、榎本保郎牧師の死の直前まで連載していたものを、まとめたものである。よって、それは、最終回を待たず、唐突に終わりを迎える。しかし、不思議なことに、それは主のエルサレム入城の手前で終わるのである。そう、まさに、十字架への道行の最初の出来事である、あのちいろば物語に触れる前に、この連載は終わりを迎えているのだ。まるで、そこから先は、あなたたち自身がちいろばとなって、歩むようにとでも言っているかのように。

確かに人間の手の業《わざ》はいつも未完成のまま終わる。どんな音楽家も、小説家も、事業家も、そして神学者も牧師も。それはいつも未完のまま終わりを迎える。しかし、神の業は、決して終わらない。十字架上で、「成し遂げた」と息を引き取ったはずの主は、再び甦り、天に昇り、再び来たり給うと約束される。主の業は、この再臨の日まで、決して完成することなく続くのだ。私たちは、ただその日を待ち望み、「エッケ・ホモ（この人を見よ）」と、その業を続けていくだけなのだろう。

偶然四十七年ぶりに見つかり、世に送り出された今回の榎本保郎牧師の未完の原稿は、きっと再び、その業を始めるに違いない。その時こそ、この未完成で終わるはずの人の手の業が、成し遂げられた神の手の業に変えられ、その命を再び輝かせるのだ。

どうか、これを手にするすべての人によって、「エッケ・ホモ（この人を見よ）」と、その未完の業が受け継がれていくように。私は今、榎本保郎が目指し、その志半ばで終わった宣教の地、ブラジルで深く祈っている。

榎本　恵

目次

目次

第1章

ホ・ロゴス

―初めに言があった―

一　私のキリスト

わたしが最初に読んだイエス・キリストの生涯についての本は、ある有名な「イエス伝」であった。

求道しはじめてまもないころ、友だちから、「君、このごろ教会に行ってるんだってね、この本、読んだかい」と言って、たしか岩波文庫の小さな本を手渡されたのが、その本であった。緻密な研究資料にもとづき、すばらしい文章でつづられたこの「イエス伝」は、名著と言われただけあって、初心者のわたしの心を捕えた。爾来《じらい》幾冊かの「イエス伝」を読んできたが、どれもその人の学問的、または信仰的立場から書かれるものであって、これらによって多くのことを教えられた。

そしていま、わたしは「キリスト伝」を書こうとしている。はたしてわたしのような者が、そういうものを書くことができるのだろうか、と思うと全く自信がない。また、その必要があるのかと自問するとき、はっきりとした確信がない。にもかかわらず、あえてペンをとったのは、編集部の情熱に負けたことと、いま一つ、伝道者として召された者が当然なすべきことだと示されたからである。

「良い知らせ」を伝える

昔、アラムの王ベン・ハダテがサマリヤの町を攻め、囲んだことがあった。このためにサマリヤに激しいききんが起こり、物価が暴騰し、人々は食糧に窮して、わが子を殺して食べるというような凄惨な事が行なわれるに至った。

そんな時、サマリヤに数人のらい病人がいた。健康な人たちでも、このような状態にあったのであるから、彼らの生活はおして知るべし、である。そこで彼らは互いにこう言った。

「私たちはどうして死ぬまでここにすわっていなければならないのだろうか。たとい、私たちが町にはいろうと言っても、町はききんなので、私たちはそこで死ななければならない。ここにすわっていても死んでしまう。さあ今、アラムの陣営にはいり込もう。もし彼らが私たちを生かしておいてくれるなら、私たちは生きのびられる。もし殺すなら、そのときは死ぬまでのことだ」（Ⅱ列王七・三、四）

彼らはアラムの陣営に向かって行った。ところがそこにはだれもおらず、天幕は張ったまま、馬やろばはつないだまま放棄されていた。そこで彼らは天幕にはいって、食い飲みし、そこから金銀、衣服を持ち出して隠した。それは、神がアラムの陣営に戦車の音、馬の音、大軍の音を聞かせたので、彼らはその音を聞いて恐れ、すべてのものを放置したまま、逃げ出したあとであったからである。

このように、らい病人はアラムの軍隊の天幕を次々と荒らし回っていたが、そのうちに、彼ら

はあまりのことに不安になり、

「私たちのしていることは正しくない。きょうは、良い知らせの日なのに、私たちはためらっている。もし明け方まで待っていたら、私たちは罰を受けるだろう。さあ、行って、王の家に知らせよう」（同七・九）

と言って、サマリヤに帰り、このことを王の家族に告げた。王は容易に彼らの報告を受け入れなかったが、やがてその事の真実であることがわかり、サマリヤはアラムの陣営に残していった食糧を得ることによって、生活がもとにかえった。

これは列王記第二の六、七章に出てくる、まことに愉快な物語である。わたしはここに出てくる四人のらい病人のことをよく思い出す。彼らはふつう、無断で人に近づくことは許されていなかった。自分から「汚れた者」であることを叫びながら歩かねばならなかったとのことである。そのような彼らが、王に謁見するなどということは考えられないことである。しかし、彼らが「良い知らせ」を知った時、臆することなく王の前に近づいて行き、神によって起こされた新しい事態を報告したのである。

救いはキリストを信ずるのみ

たしかに「キリスト伝」などというものは簡単に書けるものではない。とくに聖書学の発達した今日、聖書をいかに読むかということだけでも大きな神学的労作を必要とする。しかし、わたしたちがキリスト教信仰を持ったのは、聖書の研究によったのではなかったはずである。聖書が証しするイエス・キリストとのかかわりを知った時、わたしたちは信仰にはいったのである。このおかたがお生まれになったということが、この滅びよりほかない自分の救いのためのものであったことを知った時、わたしたちはどんな障害をも乗り越えてキリスト教信徒となったのである。

ある時、ひとりの盲人が、わたしにこんな質問をしたことがある。

「二千年も昔、頼みもしないのに勝手に十字架についておいて、あれはおまえの罪のためのものであった、と言われてもありがた迷惑です」

なんと鋭いことばであろう。ふつうはここまで追いつめないものである。質問を受けたわたしは一瞬たじろいだ。かつてこのような質問を受けたことがなかったからである。教理の説明だけで信仰へと導こうとする者に対して、もっと実存的なかかわりがほしいと叫んでいるように思え、なにか自分の弱点をつかれたような感がした。しかし、質問を受けた以上、なんとか答えなければならない。

「頼んだから十字架についてくれたというのでは当然じゃないですか。頼まんのに十字架について死んでくれたところに神の愛があるんですよ」

わたしはとっさにこう答えた。すると彼は大きな声で、

「わかりました」

と言った。そこに出席していた人たちは、この禅問答のようなやりとりを聞いてどっと笑った。

あるいはこの笑いの中には、みんなが持っている信仰のモヤモヤが晴れた喜びが含まれていたのかもしれない。あとでよく考えてみると、なんだかよくわからない回答のようにも思えたが、このことから彼は熱心に求道し、やがて信仰を告白して信徒となり、いまもよき信仰生活を送ってくれている。

イエスさまとわたしとのかかわりの発見、それはけっして神学的研究によって得られるものではない。

「もしあなたが信じるなら、あなたは神の栄光を見る」（ヨハネ一一・四〇）と主が言われたように、それはただ信じることによってのみ得られるものであり、神学はその信仰に立ってなされるわざであるところに意義があるとわたしは思っている。さきほどの盲人は、信じることによってイエスさまと自分の間にあったかすみが晴れて、ほんとうに主の十字架はわたしのためであったということを発見することができたのであろう。

わたしたちは、みんなこうして神と自分とのかかわりを発見し、神がこの自分をどんなに愛してくださっていたかに気づき、それに喜び、信仰にはいったのである。そのような発見はわたしたちに大きな意味をもたらし、わたしたちはそこで新しい世界を見いだすのである。

これはちょうど、西暦が主イエスの誕生を元年として（実際にはイエスの誕生は数年先であったらしいが）、キリスト前と後に分けているのと同様である。わたしたちの人生もキリストを知る前と後では、大きな、いな、決定的な変化が起きたのであり、この現実に立つ時、あのアラムの陣内に行ってよきおとずれを見たらい病人のように、自分を忘れさせられるのである。

ここに、わたしがあえて「キリスト伝」を書くゆえんを見いだし、勇気をもってペンを取った次第がある。われわれには、この意味で「みことばを宣べ伝えなさい。時が良くても悪くても」（Ⅱテモテ四・二）とパウロがすすめているように、どんな人に対しても、どんなところでも大胆にキリストを語る者でなくてはならないのではなかろうか。

わたしにとって、キリストはどのようなかたであられたか、わたしたちの生きざまの中でキリストを告白する、いな、キリストとはわたしたちにそれをなさしめるかたであることを何よりもおぼえたいものである。

聖地旅行所感

さて、わたしは今年（一九七五年）四月、約二十日間の聖地巡礼の旅をしてきた。あとでひとりの人から、聖地旅行などをしてなんの意味があるのか、そんな金があるなら、それを貧しい人に施すなり、キリスト教伝道にささげるなりしたほうがよほど主のみこころにかなうのではないか、とのきびしい批判の手紙をもらった。

わたしたちがエルサレムの観光をしている時、ここがゴルゴタの丘（キリストが十字架につけられた場所）だという所が二か所あった。いっぽうはカトリック教会の言う所であり、そこにはカヤパの庭や、十字架の立てられた穴など、実にこまかな記念物が多くあった。これらを見て回ったあと、もう一つ、ゴルドン将軍の発見によると言われるゴルゴタの丘をたずねた。そこはプロテスタント教会が管理しているようであったが、まことに素朴で、観光化した聖地に辟易《へきえき》したわたしたちは、この素朴な丘や墓を見てホッとさせられた。ここにひとりの宣教師がいて、訪れてきた人たちに、短い説明とメッセージを語っていた。彼は話の中でこんなことを言った。

「エルサレムには、ここがイエスさまの墓だ、と言われる所が何か所かある。どれがほんとうのものであるかわからない。しかし、われわれにとって、イエスがどの墓からよみがえられたかということがたいせつなのではなく、イエスが墓からよみがえられたという事実がたいせつなのである」

まことに雄弁に語る彼のメッセージを聞きながら、わたしはふと、高い費用を使って日本からきたわたしたちはまちがっていたのではないかと思った。

しかし、ガリラヤの湖畔を散策した時、かつて二千年昔、イエスさまもここを歩かれたのではないかと思うと、文句なしに胸の熱くなるのをおぼえた。

わたしは、ある朝、ガリラヤ湖畔カペナウムの町で、ひとりホテルから出て、しばらく祈りの時をすごした。

ガリラヤの湖畔《うみべ》、山みどりに
風かおるあたり、
主イエスひれ伏して、いのりましぬ（『讃美歌』三一七）

思わずこの賛美歌をわたしは口ずさんだ。しかし、実際のガリラヤ湖畔や山は、この歌詞のような豊かな地ではなかった。貧しいというのが、イスラエルのどの地でも感じた実態であった。山と言っても岩山である。ほとんど身の丈ほどもあるあざみや雑草が、その岩はだの間合いに生い茂っている。遠くから見れば、なるほど山は緑に包まれているように見える所もある。しかし近づいて見ると、その緑はあざみやいばらの緑なのである。

日本では考えられないような荒地である。日本の農村へ行くと、山の頂上まで段々畑が、あたかも等高線をえがいているように見える所がある。それらに比べると、貧しいんだなあと思う。たしかに果てしないアメリカ大陸などと比べると、日本の土地は恵まれているとは言えないかもしれない。しかし、耕しさえすれば、そこにも土地があり、その土地に種を蒔きさえすれば作物はできる。

ところがイスラエルはそうではない。全山岩なのである。そんな山が多いのである。耕そうにも耕せない。もちろんそんな所ばかりではない。「メギドの谷」と呼ばれる平原などは、実に豊かな穀倉地帯のようである。しかし、ほとんどは岩山か石ころ畑である。オリブの木がそんな山に植えられているが、それはけっしてわたしたちが想像するようなのどかなものではない。そのような地にはオリブの木しか育たないのである。

わたしはそのような貧しい地に腰をおろしながら、なぜ神の子イエスさまは、こんな貧しい地にお生まれになったのだろうか、とふと考えた。二千年後、このどうにもならないわたしの罪の赦しのために、主はこの貧しい地で生きる悩みをつぶさになめながら生きてくださったのだと思うと、わたしの胸はふるえた。ただわたしのために、この地にくだり、悩み、傷つき、そして十字架上で殺されにいかれたのだと思った時、

「イエスさま、すみませんでした」

と、なんどもなんどもくり返すほかなかった。こんな所で、と思うと、書物をとおして読んでいた主イエスとはちがった迫りを感ぜずにはおれなかった。

これが高い価を支払った聖地旅行の唯一の収穫であったとわたしはいまも考えている。

この感動をもって、わたしの「キリスト伝」を書いてみたい。もしこれが書ければ、わたしの生涯の最も大きな喜びであり、光栄である。読者諸氏のあつき祈りを願いつつ、その第一回を終わることにしたい。

二　主のはしため

主イエス・キリストは、しばしば「ナザレのイエス」と呼ばれているが、彼のふるさとはガリラヤのナザレであった。彼は、そこに住むおとめマリヤより生まれた。いわゆる処女降誕である。今日、主イエスの処女降誕を疑う人が多い。そのようなことがありえないと思うからである。しかし、ありえないから信じないというのは正しいことだろうか。

「けさ元気に家を出て行った主人が死んだなんて信じられません」などと、よく新聞などに出てくることばである。交通事故などで、突然肉親の死を知らされた時、たいていの人は信じられないと言う。やむをえないことである。ほんの数時間前、いな数分前、元気に家を出た者が死んでしまったなどということは、信じられないのは当然である。しかし、事実がそうであれば、信じて受け入れるより仕方がない。

主イエスの処女降誕も、理解したり、納得して信じられるものではない。その意味では、主イエスの処女降誕をだれよりも信じられなかったのは、当のマリヤではなかろうか。彼女は御使いガブリエルに向かって、

「どうしてそのようなことになりえましょう。私はまだ男の人を知りませんのに」（ルカ一・三

四）

と言っている。「まだ夫がない」と神に向かって言い切ることのできたマリヤは、だれよりもこの事が信じがたいことであったにちがいない。しかし、どんなに信じがたいことであっても、事実であればそれを受け入れるより仕方がない。彼女はついに、

「ほんとうに、私は主のはしためです。どうぞ、あなたのおことばどおりこの身になりますように」（ルカ一・三八）

と言わざるを得なかった。

処女懐妊の告知

ルカの福音書は、マリヤに処女懐妊を知らせたのは、御使いガブリエルだと記している。この神話的表現は、私たちに処女懐妊そのものを神話のように受け取らせやすい。しかしルカはここであの翼を持って天空を飛びかう天使を語ろうとしているのだろうか。いや、彼はこの表現を用いて、この事実が人間のがわの理解や納得の上に成り立つものではなく、ただ上よりのみ告げ、宣言によるものであることを強調しようとしているのではなかろうか。

ある時、ひとりの学生がわたしのところに訪ねてきて、こんなことを言ったことがある。

「先生、私は一生けんめい聖書を読んでみました。しかし、聖書のどこにも神の存在を説明してくれているところを見いだすことができませんでした。聖書のどこに神の存在の証明が記され

ているんですか」

この学生は、神があるかないか、この疑問について明快なる解答を聖書に求めたが、どこにもそのような解答を見いだすことができなかったというのである。

確かに、聖書はわたしたちに神の存在を説明したり、証明したりしてくれない。聖書は最初から「神はある」という立場である。むしろ、その神が世界を造り、イスラエルを選び、歴史を支配し、み子キリストを世に遣わして、罪の贖いのわざをなさしめて、ご自身の愛をそそぎたもうたことを告げているのである。言わば聖書は宣言の書である。人間はその宣言を受け入れるか、受け入れないか、どちらかを決断しなければならない。そういう意味で、聖書は理解や納得のできる書物ではない。ただ神からの宣言を伝える書である。ここに、ルカがわざわざ天使の登場をもってこの事実を述べているゆえんがあるのではなかろうか。

しかし、神はそのような中にあっても、人間の弱さを無視されるかたではない。マリヤの場合、親戚のエリサベツの懐妊は大きな確信になったにちがいない。天使は、

「あなたの親類のエリサベツも、あの年になって男の子を宿しています。不妊の女といわれていた人なのに、今はもう六か月です」（ルカ一・三六）

と告げている。このことば、この事実は、どんなにマリヤを勇気づけたことであろう。

戦時中、熱河《ねっか》宣教に遣わされて、夫とともに中国の奥地に伝道していたひとりの婦人が、敗戦とともに夫を失い、子供を亡くし、自分は失明というまことに悲惨な中で日本に引き揚げてきた。

彼女はその引揚船の中で、孤独と不安に心が暗くなったとき、ふと「数えてみよ、主の恵み」という『聖歌』（六〇四番）の一節が頭に浮かんできた。そして今日まで主がいかに愛し、恵んでくださったか、その一つ一つを数えているうちに、心は晴れやかになったと証している。どんなに暗い状況の中にあっても、神は必ず愛のご配慮をそっとしておられるのである。

わたしはあなたの前に進んで、
険しい地を平らにし、
青銅のとびらを打ち砕き、
鉄のかんぬきをへし折る。
わたしは秘められている財宝と、
ひそかな所の隠された宝をあなたに与える。
それは、
わたしが主であり、あなたの名を呼ぶ者、
イスラエルの神であることを
あなたが知るためだ。（イザヤ四五・二、三）

神が備えたもう「秘められている財宝と、ひそかな所の隠された宝」とを見いだすことのできる人は幸いである。

悩みを分け合える人

天使ガブリエルからみ告げを聞き、それを受け入れたマリヤは、「立って、山地にあるユダの町に急いだ。そしてザカリヤの家に行って、エリサベツにあいさつした」と記されている（ルカ一・三九、四〇）。

ガリラヤのナザレからユダの町までの距離がどのくらいであるのか、エリサベツの住んでいた町はユダの町のどこであったのか明記されていないので、それを明確に知ることはできない。しかし、たとえそれがベテルのようなユダの国の北部にあったとしても、相当な距離である。わたしたちが聖地旅行をした時、ガリラヤからエルサレムにバスに乗って旅したが、途中二、三か所寄り道はしたものの、エルサレムに着いた時には、日はとっぷりと暮れていた。

マリヤは徒歩で行ったのか、ろばに乗って行ったのか、それは知らない。しかし、いずれにしても相当な時間を要したことであろうし、危険もあったことであろう。そのような障害を越えてマリヤはエリサベツを訪ねたのである。訪ねずにはおれなかったのである。

その理由は、この人だけが自分を理解してくれると思ったからである。処女懐妊など、どんなに説明してもわかってもらえるものではない。現に最愛の婚約者ヨセフでさえも、ひそかに彼女との婚約の解消を考えていたことが、マタイの福音書に記されている（一・一九）。

最も愛する人、身近な人に理解してもらえないほど寂しいものはない。

「この人々は、血によってではなく、肉の欲求や人の意欲によってでもなく、ただ、神によって生まれたのである」とヨハネが証言しているように（一・一三）、また、「兄弟たちよ。私はこのことを言っておきます。血肉のからだは神の国を相続できません。朽ちるものは、朽ちないものを相続できません」（Ⅰコリント一五・五〇）とパウロが教えているように、たとえ親子のような血肉と言えども、神の啓示は理解してもらえないものである。信仰者は多かれ少なかれ、みんなこの経験をしなければならない。みんなの理解や納得を得てからなどと考えていると、わたしたちは神の召しに従う機会をつかむことはできない。
「わたしのもとに来て、自分の父、母、妻、子、兄弟、姉妹、そのうえ自分のいのちまでも憎まない者は、わたしの弟子になることができません」（ルカ一四・二六）と主が言われたとおりである。

神のゆえに、同じ寂しさを味わっている者がいるということは、何にもまさる力である。「心合えばことばも合う」という。わたしたちが主に従うことによってきびしい道を歩もうとする時、神は必ずその道を備えたもう。

友との交わり、支え合いなしに、弱いわたしたちはみことばに従って生きることは不可能である。同じ選びを受け、同じ約束のもとに召し出されている友がいるということは、何にもまさる力強さである。

マリヤはエリサベツの家で三か月ほど滞在したと記されているが、ここだけが彼女の慰めの場であったことであろう。信仰者にとって、教会生活がなくてならぬものであるゆえんはここにある。また教会とは、そういう交わりの場として形成されていかなければ意味を持たない。召し出された者の集いこそわたしたちの教会である。

神以上に愛するものはないか

愛するヨセフから離縁される――。おそらく聖霊によって処女懐妊したマリヤにとって、これ以上の苦しみはなかったであろう。たとえ人々から姦婦とののしられ、石打ちの刑に処せられようとも、もし愛するヨセフが理解してさえいてくれたら、そんな苦しみは彼女にとって問題ではなかったことであろう。

人間にとって、愛する者を失うことにまさる苦しみはない。しかし、信仰とは神以上に愛するものを持たないことである。神は「わたしのほかに、ほかの神々があってはならない」ときびしく求めたもうかたである（出エジプト二〇・三）。ここに信じる者のきびしさがある。しかし、そのきびしさはいのちに至るためのきびしさであって、いたずらに苦しむことではない。

マリヤは三か月のエリサベツ家での滞在中に、信仰への確信が与えられ、主がお語りになったことが必ず成就すると信じることができるようになった。そして自分をご自身のご用のために召してくださった神をほめたたえてうたった。

わがたましいは主をあがめ、
わが霊は、わが救い主なる神を喜びたたえます。

主はこの卑しいはしために
目を留めてくださったからです。
ほんとうに、これから後、どの時代の人々も、
私をしあわせ者と思うでしょう。
力ある方が、
私に大きなことをしてくださいました。
その御名は聖く、
そのあわれみは、主を恐れかしこむ者に、
代々にわたって及びます。（ルカ一・四六〜五〇）

名もなきひとりのおとめが、神の選びを受けて主の母となる。なんたる光栄、なんたる喜び。このような栄光へと彼女を召したもう神を思うとき、マリヤの心は躍り、神をほめたたえずにはおれなくなったのである。まことに彼女は幸いな女であった。神は常に平凡な世界に住む者を栄光の人生へと召したもうかたである。ガリラヤの漁夫であったシモンやアンデレがそうであり、カペナウムの取税人マタイもまたそうである。そして、この神の召しはあの時代で終わってしまったわけではない。きのうも、きょうも、いつまでも続いているのである。それは、あの人に及んでいるだけではなく、きょう、あなたにもたらされているのである。

主よ、私は「はい」と言うのがこわいのです。
あなたは私をいったいどこにつれて行こうとなさるのですか。
私は貧乏くじを引くのがこわいのです。
私は同意書を読まないで捺印するのがこわいのです。
一回「はい」と言えば、次から次へと、
「はい」と言わせられるのがこわいのです。
まだ私は安心できません。
主よ、あなたは私を追いかけ、私を捕えられました。
私はあなたの声を聞くまいと雑音を追い求めましたが、
一瞬の静けさの中にも、あなたは私の耳にすべりこみ、
あなたに会うまいと道を避けて通っていたのに、
その回り道の終わりで、あなたは私を待っておられました。
私はどこに隠れたらいいのでしょう。
どこでもあなたに会うので、
あなたから姿をくらますことはできないのでしょうか。
（中略）
子よ、きみのために世界のためにわたしはもっと求める。

今までは、きみがきみの意志どおりに行動してきたが、
そういうものはもういらない。
きみにわたしの承認と支持を求め、
きみの仕事にわたしをまきこもうとした。
子よ、わからないのか。それでは立場が反対だ。
わたしはきみのすることを見てきた。きみの善意を見た。
しかし今では、それ以上のことがほしいのだ。
きみはきみの仕事をもうあきらめて、
きみの父なる神の意志を受け入れてくれ。
子よ「はい」と言ってくれ。
わたしがこの地上にやってきたとき、
マリヤの「はい」が必要であったように、
きみの「はい」がいま必要なのだ。
きみの仕事を進めるのは、わたしでなければならん。
(中略)
わたしにすべてを投げ出してくれ。きみのすべてを。
地上に降りて、きみといっしょになるために、

きみの「はい」がわたしには必要なのだ。
この世を救い続けるためにきみの「はい」が必要なのだ。
（ミシェル・クオスト著『神に聴くすべを知っているなら』より）

三　神のみ子の受肉

「それは静かな夜でした」

わたしの幼稚園では、毎年この短いナレーションでクリスマス・ページェントが始まる。先生も、お父さんやお母さんも、おそらく園児たちひとりひとり、なんとも言えぬ緊張の一瞬、みんなの心が不安と期待の入り交じった、おちつかぬ気持ちでソワソワしている時、突然白いガウンを着た園児の澄みきったこのことばが響き渡ると、みんなの視線はいっせいに舞台の上に注がれる。そして、あのクリスマスの絵巻が次々とくり広げられるのである。

わたしはいつも、あのふんい気こそ、クリスマスにふさわしいものではないかと思っている。

神の約束のように

「そのころ、全世界の住民登録をせよという勅令が、皇帝アウグストから出た。これは、クレニオがシリヤの総督であったときの最初の住民登録であった。それで、人々はみな、登録のために、それぞれ自分の町に向かって行った。ヨセフもガリラヤの町ナザレから、ユダヤのベツレヘムという町へ上って行った。彼は、ダビデの家系であり血筋でもあったので、身重になっているいいなずけの妻マリヤもいっしょに登録するためであった。ところが、彼らがそこにいる間に、マリヤは月が満ちて、男子の初子を産んだ。それで、布にくるんで、飼葉おけに寝かせた。宿屋には彼らのいる場所がなかったからである」（ルカ二・一～七）

ルカはこのように主イエスのご誕生の次第を記している。ルカは使徒パウロの侍医として仕えた人であったと言われている。彼の筆による「ルカの福音書」や「使徒の働き」には、客観性を重んじる科学者らしい書き方が至るところにうかがわれるが、この主イエスのご誕生の記事もその一つである。

それはローマの皇帝アウグスト（これはオクタビアヌス帝〔BC三一～AD一四まで在位〕であろうと言われている）が、人口調査をせよとの勅令を全世界（と言ってもローマ帝国全域のこと）に発した時であり、クレニオがシリヤの総督であった時、行なわれた最初の人口調査であった。クレニオがシリヤの総督であった年代（BC一一～一〇）とか、「人口調査をせよ」とのことばの原意が「人口調査をし続けよ」との意味であるとか、当時の状況では、広域なローマ帝国内に実際に人口調査が完了するのは数年を要したとか、いろいろな研究資料が集められ、そのつど議論がたたかわされるようである。

しかし、筆者のルカは何年にイエスがお生まれになったとか、その正確な年を伝えようというよりは、もっと深遠なメッセージをこの事をとおして伝えようとしているのではないかと思う。

その第一は、神が歴史の主であるということ。アウグストの勅令によって、ヨセフとマリヤは、ガリラヤのナザレからユダヤのベツレヘムに旅しなければならなかった。身重のマリヤにとって、長い旅路はけっしてここちよいものではない。気遣う夫ヨセフにとっても楽しい旅ではなかったはずである。でも彼らは、皇帝の命令には服さなければならない。

この旅路が、旧約の預言の成就のために神がもくろみたもうたものであると、その時いったいだれが思ったであろうか。民衆の労苦など少しも意に介しない専制君主アウグストも、まさか自分の今の行為が神の約束の成就のためのものであるなどと思ってもみなかったことであろう。しかし、実はこの地上の行為が神のご経綸のうちに用いられていたのである。

ベツレヘム・エフラテよ。
あなたはユダの氏族の中で最も小さいものだが、
あなたのうちから、わたしのために、
イスラエルの支配者になる者が出る。
その出ることは、昔から、
永遠の昔からの定めである。（ミカ五・二）

七百年前、神は預言者ミカをとおして、このように約束を与えておられた。いまやその約束はほとんどの人たちから忘れられ、わずかに聖書学者や祭司たちの専門家だけの知っているところであった。しかし、天地は過ぎ行くとも神の約束のことばは滅びることはない。「わたしのことばを実現しようと、わたしは見張っているからだ」（エレミヤ一・一二）と宣言したもうた神は、時のくるのを待っておられたのである。そしていま、その時がきたのである。ルカが、「そのころ、全世界の住民登録をせよという勅令が、皇帝アウグストから出た」云々と、主イエスのご降誕の時を記しながら、実は歴史の主にいます神を語っているのである。時あたかもローマ帝国による迫害のさ中、人々はこの短い証しによってどんなに勇気づけられたことであろう。まさに聖書は福音の書である。

第二は、歴史の中に受肉したもう主ということ。一国の皇帝が人口調査を実施する時とは、その国を完全に掌握した時である。ローマ皇帝アウグストが全世界にその支配権を確立した時である。徴兵、徴税の制度を樹立するために、彼は人口調査を命じたのである。もはやいかなる力もこの権力体制に対しては何ごともなし得なくなった時であった。

静けさと目立たぬ所で

そんな時、神はそっとご自身のひとり子をこの世におくられたのである。そんな小さなことにはだれも気がつかなかった。「宿屋には彼らのいる場所がなかったからである」とのことばは、その時代にとって主イエスのご降誕がどんなに小さなことであったかを雄弁に物語っている。神の子がご降誕になったというのに、だれもそれに気づかず、彼を飼葉おけの中に寝かせたとは、なんと恐れ多いことであろう。しかし、人は常にこの愚行をくり返すのではなかろうか。

わたしは少年のころ、皇太子がお生まれになった時、祝賀の旗行列をしたことを覚えている。

「日のみ子、日のみ子」と叫びながら、全校生徒が村中をねり歩いた。夜は大人たちが提灯《ちょうちん》行列をし、踊り回っていた。全く村中大騒ぎであった。このようなぎょうぎょうしい誕生に比べて、主イエスのご降誕はなんと貧しく、また静かなことかと思う。

ベツレヘムには「聖誕教会」が建っている。その教会の階下の石室が、主イエスのご降誕の馬小屋だと伝えられている。ひっきりなしに観光客が訪れ、薄暗い部屋をのぞいていた。教会の前には広場があり、そこには何台もの観光バスが駐車していた。駐車場の回りにははでな土産《みやげ》店が軒を並べていた。まことに騒がしい情景であった。なんだか主イエスのご降誕にはふさわしくないように感じられてしかたがなかった。

この教会は丘の上に建っていたが、わたしたちはそのあとバスに乗って、羊飼いたちが天使のみ告げを聞いた場所と言われる所を訪ねた。わたしの記憶にまちがいがなければ、ここは最近発掘された所だそうである。広々とした野原に四、五軒の家があり、そこの路地を通って少し地下に降りて行くと、その場所であったといわれる所がある。わたしはローソクの煙がいっぱいに立ちこもっているその地下室を出て、ふとそこに建ち並んでいる粗末な家を見ると、ひとりの子供が珍しそうにわたしたちの顔を見ていた。

「シャローム」

わたしは笑顔をしながら彼にあいさつをした。するとと彼はしばらくして、

「シャローム」と答えた。

親しみのある顔でわたしを見つめていたので、わたしはカメラを見せて、いっしょに写真を撮ろうと誘った。彼はすぐに走ってきた。うすよごれた服を着、足は素足であった。わたしは彼といっしょにカメラの前に立ちながら、なんだか救われたような気がした。ここにきてはじめて、イエスさまがお生まれになったのはここだという気がしたからである。

人目に立たない誕生！　これこそ主イエスのご降誕、神のみ子の受肉の情景ではなかろうか。

わたしたちは敗戦後、民主主義の体制下で生きてきた。三十年の間、民主主義のすばらしさをいろいろと教えられてきた。たしかに民主主義には良い点が種々ある。しかし、これもまた人間がつくる体制である。好ましくない点もあるのが当然である。三十年を経て、わたしたちはもっと、民主主義の持つ欠点を教えられるべきではなかったかとわたしは思う。たとえば、民主主義は多数決の原則の上に成り立つ。しかしその多数決の原則は、多数は真理と誤解しやすい。多数決は独裁主義に対して利点を持つが、そのもの自体はいろいろ問題をはらむものである。多数の賛成者を得ることが第一条件の民主主義体制においては、ともすると、真理よりも多数の関心のほうに重きがおかれやすい。無意識のうちに人目に立つこと、はでなことに傾きやすい。その結果軽薄になり、場当たり的になり、刹那《せつな》的になる。今日のわたしたちの問題は、すべてこうした民主主義が持つ欠点に由来するものではないかと、わたしはかねがね思っている。もっと静けさや、目立たぬことに私たちは心を向けなければ、主イエスのご降誕の意味を十分に理解できないのではなかろうか。

創世記四章の後半に、人間文化を誇るレメクの詩がある。

アダとツィラよ。私の声を聞け。
レメクの妻たちよ。私の言うことに耳を傾けよ。
私の受けた傷のためには、ひとりの人を、
私の受けた打ち傷のためには、
ひとりの若者を殺した。
カインに七倍の復讐があれば、
レメクには七十七倍。（創世記四・二三、二四）

人間の力が謳歌されていたさ中に、神はひそかにアダムとエバからセツを生まれさせ、セツはエノシュを生んだ。聖書はこのセツとエノシュのことを述べ、「そのとき、人々は主の御名によって祈ることを始めた」（同四・二六）と記している。

神はこのような神なき文化、神無視の世界に、神の名を呼ぶ群れをおこされたというのである。それはけっして人目を引くような事柄ではなかったと思う。しかし、この時代に、人々がそれを認めようが認めまいが、神を呼ぶ群れを必要としておられたのである。

ローマの支配が確立し、その権力が全世界の隅々にまで及んでいる時、神はそっとご自身のひとり子をこの世におくり、しもべのかたちをとらせ、目立たぬ姿でその受肉のわざをなされたのである。

貧しいものへの福音

主イエスのお生まれになった時、ユダヤのベツレヘムでは夜野宿しながら、羊の番をしていた羊飼いたちが、天使からのみ告げを聞いた。

「恐れることはありません。今、私はこの民全体のためのすばらしい喜びを知らせに来たのです。きょうダビデの町で、あなたがたのために、救い主がお生まれになりました。この方こそ主キリストです。あなたがたは、布にくるまって飼葉おけに寝ておられるみどりごを見つけます。これが、あなたがたのためのしるしです」（ルカ二・一〇〜一二）

このみ告げは、ほんとうに羊飼いたちだけに告げられたのであろうか。ある者にご自身の秘密を告げられ、ある者にはそれを告げられないというようなえこひいきを神さまはなさるかたなのだろうか。

「見よ。わたしは、戸の外に立ってたたく。だれでも、わたしの声を聞いて戸をあけるなら、わたしは、彼のところにはいって、彼とともに食事をし、彼もわたしとともに食事をする」（黙示録三・二〇）

と言われるかたが、特定の者にだけご自身のことをお告げになるはずがない。実は天使のみ告げはすべての人に伝えられたのではなかろうか。しかし、多くの人は世の喧騒《けんそう》に身をおいていたがゆえに、このみ告げを聞きもらしたのである。ひとりの人間としての扱いをさえ受けることができず、静かな夜空に寂しく時の過ぎるのを待つほかしかたのなかった羊飼いのみが、この天使の声を聞くことができたのである。

教会では、主イエスのご降誕祭を十二月二十五日と定めている。しかし、羊飼いが野宿していたということから、とても十二月二十五日のような真冬にはそのようなことはできないとして、十二月二十五日説はまちがいであると言われてきた。しかし、最近わたしの読んだ書物にはたいへんおもしろいことが書かれていた。

それは古代ユダヤの文献によると、神殿用の羊は過越の正月前にも放牧されていたとのことである。この神殿用の羊の羊飼いは真冬といえども羊の番をしなければならなかった。そうすると、真冬だからという論拠は失われることになり、十二月二十五日にお生まれになったことも考えられることになる。それはともあれ、このような羊飼いは野宿のために神殿儀式に参加できないので、ユダヤ教から破門されて、裁判の証言も許されていなかったそうである（榊原康夫著『ルカの福音書』四二ページ）。いわばこの羊飼いは、人権を無視されたような、あわれな者であった。しかし、神はそのような者に、ご自身の秘義を伝えられたのである。天使は彼らに向かって、「あなたがたのため」ということばをくり返し宣《の》べている。まさに「貧しい者に福音が宣べ伝えられ」たのである。

いつの時代でもこの世の権力は巨大である。またこの世の成りゆきは岩のごとく不動の道理に立っているように思われる。わたしたちはそういう大きな壁にぶちあたる時、この世と妥協し、すぐにその支配の中に自分を組み入れてしまう。そうするよりほかに生きる道がないように思うのである。

いったい力のない者に何ができるか。金のない者に何が得られるか。教会はこの世に対してもっと発言権を持たねばならぬ。今日の時代に対して力を結集して行動を起こしていかなくてはならないという。そして組織をつくることに腐心し、この世に地位を得ることを願う。

しかし、主イエスのご降誕はそんなことをもくろんだものではなかった。この世の片隅で、みすぼらしく、だれの目にもとまらぬような姿をして現われたもうたのである。しかしそれが神のみ子の受肉であったがゆえに大きな意味を持っていたのである。主が「天の御国は、からし種のようなものです。それを取って、畑に蒔くと、どんな種よりも小さいのですが、生長すると、どの野菜よりも大きくなり、空の鳥が来て、その枝に巣を作るほどの木になります」（マタイ一三・三一、三二）と言われたとおりである。ルカは主イエスのご降誕を徹底して貧しさと静けさの中に見ようとしている。そして、この道こそ、今日もわたしたちが主にお会いできる道である。

病まなければ　捧げ得ない祈りがある
病まなければ　信じ得ない奇跡がある
病まなければ　近づき得ない聖所がある
病まなければ　仰ぎ得ない聖顔がある
おお、病まなければ私は人間でさえあり得なかった。

（河野　進）

病むことは悲しいことである。小さきことは心細いことである。ひとりぼっちは寂しいことである。そのゆえにわたしたちは健康であることを、大きくなることを、大勢の友だちに囲まれていることを求める。しかし、わたしたちの主はだれにも気づかれずにお生まれになったのである。なんの力もなく、貧しいひとりのしもべとして世にみあれましたもうたのである。そこに主イエスご降誕の意味があり、福音の本質がある。だからわたしたちも、たとえいまがどんな状態であろうとも、むしろ弱さを誇り、貧しさに感謝しよう。そこに立たなければ、「あなたがたのために」と告げた、あのみ使いのお告げの受け手となることはできないのである。

いざ、み子を拝そう

天使のみ告げを聞いた羊飼いたちは、

「さあ、ベツレヘムに行って、主が私たちに知らせてくださったこの出来事を見て来よう」（ルカ二・一五）

と、互いに語り合ったと記されている。あまりにも世の常識を越えた出来事を告げられた時、羊飼いたちはとまどったにちがいない。わたしたちは、自分の頭や体験で理解できたり、納得できるものだけを受け入れようとする。しかし、わたしたちが神を信じるから神があるのではない。わたしたちが神の愛を納得するから神が愛なのではない。神があるから神を信じるのであり、神が愛したもうから神の愛を喜ぶのである。

それが信仰である。信仰は不確かなものを確かなものとすることではなく、確かなものを確かとすることである。しかしそのためには、わたしたちがその事実を見ること、体験することが必要である。いつまでも人の言っていることばだけにたよっているようでは、その信仰は確かさを持つことはできない。

羊飼いは告げられたことを確かめるために出かけたのである。そしてベツレヘムの町をくまなく捜し回り、ついにその家を捜しあてた。聖書はこの時のことについて、

「羊飼いたちは、見聞きしたことが、全部御使いの話のとおりだったので、神をあがめ、賛美しながら帰って行った」（ルカ二・二〇）

と記している。彼らは告げられたとおりの事実に出くわしたとき、神をあがめずにはおられなかったのである。神を賛美せずにはおられなかったのである。信仰とはこのように、生まれてくる実のようなものである。人間が自分でつくりだすものではない。

布にくるまった幼子、飼葉おけに寝かされた乳飲み子を、世の救い主として、歓喜し、神をあがめ、賛美して帰る羊飼いたちを見て、ベツレヘムの人々はどう思ったであろうか。彼らにはとうてい羊飼いたちの行動は理解できなかったであろう。しかし、もはやそんなことは羊飼いたちにとっては問題ではなかった。神の恵みだけがすべてであったのである。

わたしは前述のごとく、羊飼いたちが天使のみ告げを聞いたといわれる洞窟に立って、小高いベツレヘムの町をしばらくの間ながめて見た。距離にしてそんなに遠くはない。しかしベツレヘ

ムの丘は石山である。ゴツゴツしたユダヤ地方独特の石灰質の岩盤である。それを登って行くのはけっして楽な道ではなさそうであった。

「いったい、羊飼いたちは羊をつれてベツレヘムに行ったのであろうか」

ふとこんなことを考えてみた。夜中に羊をつれてベツレヘムの町に行くことはけっしてやさしいことではない。なかなか起きようとしない羊もいたことであろう。寒さにふるえている小羊もいたことであろう。一匹一匹をあのむちでたたきながら起こし、追い立てて行ったのだろうか。何も知らぬ羊たちはおそらく迷惑顔をしたことであろう。ベツレヘムの町にはいり、一軒一軒をたずね回った時、町の人々は羊のやかましい鳴き声に眠りをさまされたのではなかろうか。

「やかましい。だれだ。いまどき羊をつれて町を歩くやつは。とっとと出て行け」

家の中からどなり声が聞こえてくることもあったのではなかろうか。こんなにみんなに迷惑をかけてまで捜し当てなければならないのだろうか。一瞬わが心をよぎる暗い思いに、足のすくむ思いをさせられたのではなかろうか。わたしはひとり野に立ち、次から次へと想像をめぐらしてみた。

結局、イエスさまに出会うことは人を相手としていては不可能なのではなかろうか。絶えず人のことが気になるわたしは、「彼らを恐れるな。彼らの顔にひるむな」（エゼキエル三・九）ときびしく語られた主なる神のことばを思い出し、信仰のきびしさをいまさらのごとくに示された。

四　少年イエス

エルサレムの町に、「泣き壁」とか「嘆きの壁」と呼ばれている所がある。

これは、ヘロデ大王が築いた神苑の石垣の一部だそうである。ユダヤ人は第四世紀以後、毎金曜日の午後、この場所にきて、エルサレム神殿の滅亡を嘆き、その回復を祈る慣習を続けているそうである（馬場嘉市著『目で見る聖書の世界』より）。いわゆる六日戦争までは、この所はヨルダン領になっていたが、今日はイスラエルの支配下にあり、エルサレムを訪ねる者は必ずここに案内される。

エルサレムには、主イエスにまつわる多くの旧跡があり、その一つ一つを訪ねるとき、二千年の昔が急に近くなり、自分がその時に立っているかのような緊張をおぼえることがしばしばある。私にとってこの「嘆きの壁」の広場は、いちばん感動した所であった。

その理由は、ここにきて、「はじめて生きている宗教」にふれたような思いがしたからである。横幅五四メートル、高さ一八メートルの石垣に、多くのユダヤ人がへばりつくようにして祈っていた。中には涙を流しながら祈っている人もある。また、時間がたっても少しも動こうとせず、祈っている人もあった。

石垣のすき間には、おそらく祈りのことばが書き込まれてあるのだろうか、多くの小さな紙片がはさみ込まれていた。一枚を記念に取り出して見たが、そんなことしか考えない自分が恥ずかしくなり、しばらく祈ってそこを離れた。

主よ。深い淵から、私はあなたを呼び求めます。
主よ。私の声を聞いてください。
私の願いの声に耳を傾けてください。
主よ。あなたがもし、不義に目を留められるなら、
主よ、だれが御前に立ちえましょう。
しかし、あなたが赦してくださるからこそ
あなたは人に恐れられます。
私は**主**を待ち望みます。
私のたましいは、待ち望みます。
私は主のみことばを待ちます。
私のたましいは、夜回りが夜明けを待つのにまさり、
まことに、夜回りが夜明けを待つのにまさって、
主を待ちます。
イスラエルよ。**主**を待て。

主には恵みがあり、
豊かな贖いがある。
主は、すべての不義から
イスラエルを贖い出される。（詩篇一三〇篇）

じっとして動かないイスラエルの人の姿を見ていると、全存在をかけて主を待ち望んできた、信仰の分厚さのようなものが感じられ、信仰とは議論することなり、とでも考えているのかとさえ思える私たちの信仰の薄さを痛感させられた。

また、この「嘆きの壁」の前には、広い広場があり、そこには男女を区別する隔ての垣があり、男子の広場のあちこちでは、おそらくラビ（教師）であろうと思われる人が、多くの人々に囲まれて、朗々と何かを読んでいた。たぶん旧約聖書だろうと思われるが、ことばの通じない私は、想像するよりしかたがなかった。

よく聖画に出てくるような巻物、外わくは木でできていて、それが二つに割れると、中にヘブル語で書かれた文書の巻物がある。羊皮紙《ようひし》かと思って見たが、すでにうす汚れていて、皮か紙か見分けがつかなかった。その巻物を、日本流に言えば「わっしょい、わっしょい」と威勢のよい声（おそらく詩篇でもうたっていたのであろう）をあげて持ってくるのである。私はそれを見て、いちばん心ひかれたのは、父親といっしょに、多くの子供が群れ集まっていたということである。父親は子供たちを、巻物の置かれたテーブルの近くに押しやって、ラビの読む声に聞き入らせていた。ユダヤ人は、わが子に対する宗教教育に熱心であると聞いていたが、確かにそのとおりであった。

なによりも大切なものという敬虔な思いをもって、子供たちにみことばを聞き入らせている姿は、彼ら父親たちが幼い時から受けてきたものであろう。ヤコブがラバンに向かって、「もし、私の父の神、アブラハムの神、イサクの恐れる方が、私についておられなかったなら」(創世記三一・四二)と語っているが、父のかしこむものを子もかしこむ、というように、彼らの信仰は伝えられてきたのであろう。男女を隔てる垣に、女性が駆けのぼり、さかんに何かを呼んでは、キャンデーのようなものを投げていた。これもまた、わが子がみことばに聞き入るために、彼女たちが一生けんめいになっている姿であろうと想像した。

両親と宮まいりするイエス

わたしは、このような光景を眺めながら、かつて二千年の昔、ヨセフとマリヤに連れられて、宮まいりにきたイエスさまの姿を想像した。

それには、「イスラエルの慰められることを待ち望んでいた」シメオンがおり、「夜も昼も、断食と祈りをもって神に仕えていた」アンナがいたことが記されている。また、「エルサレムの贖いを待ち望んでいる」多くの人々がおった。

これらの人々がイエスさまを見た時、

「主よ。今こそあなたは、あなたのしもべを、みことばどおり、安らかに去らせてくださいます。私の目があなたの御救いを見たからです」(ルカ二・二九、三〇)

と神を賛美し、「神に感謝をささげ」たと記されている。

神に望みをおく者にとって、神よりの慰め、エルサレムの救いは絶えざる願いである。イエス・キリストの来臨においてのみ、その願いは成就されたのである。

信仰は「嘆き」ではない。われらの信仰は「嘆き」からの解放、その救いを喜ぶことである。わたしはユダヤ人の熱心な求めに心打たれながらも、

「私は、彼らが神に対して熱心であることをあかしします。しかし、その熱心は知識に基づくものではありません」(ローマ一〇・二)

と語ったパウロのことばを思いだし、主イエス・キリストを信じることをゆるされている身の幸いを感謝せずにはおれなかった。わたしたちにとって十字架のほかに喜びはない。

福音書は、イエスさまの幼・少年期のことについて語ることが少ない。わずかに「ルカの福音書」のみが、前掲のシメオンやアンナのことと、宮まいりのことを記しているのみである。その理由はどこにあるかは知らない。ただ言いうることは、聖書はけっしてイエスさまをすばらしい人間として見ていないということである。だからわたしたちは、偉大な人間を見るようにイエスを見てはならない。彼は偉大な人間ではなくて、偉大な神、偉大な神の子なのである。

したがってわたしたちは、主イエスの中に、この現実の世にくだり、ご自身の約束を成就し、

わたしたちに新しいいのちを与えんとしたもう神のご愛を見なければならない。ここに聖書がふつうの偉人の伝記のように、主イエスの幼・少年期を記していない理由があり、かつまた、あえてルカがそれを記したゆえんがあるのではなかろうか。

だから、主イエスの宮まいりの物語も、その意図に従って読んでいくべきである。イエスさまが十二歳になった時、両親は過越《すぎこし》の祭りのために、イエスさまを連れてエルサレムにのぼった。ユダヤの慣例では、男子は十三歳になると、エルサレムの宮まいりの義務を負っていたそうである。おそらく、わが子の成長を願う両親は、早々とイエスさまをエルサレムに連れて行ったのであろう。

さて、祭りが終わって帰る時、イエスさまはエルサレムに居残り、宮の中で教師たちと語り合っていた。いっぽう両親は、一日の旅程を終えてイエスがいないことに気づき、親族や知人の中にまぎれ込んでいるのでは、と捜し回ったが見つからなかった。三日の後にやっと宮の中でイエスを見つけ、

「なぜ私たちにこんなことをしたのです」

と叱責した。ところがイエスさまは、

「どうしてわたしをお捜しになったのですか。わたしが必ず自分の父の家にいることを、ご存じなかったのですか」

と答えた。このことばは両親には理解できなかった。しかし、イエスさまはその後、両親ととも

にナザレに帰り、時が満ちるまで両親に仕えられた。

マリヤは、このイエスさまの事件をみな心に留めていた、と聖書は記している。このことについて、ある聖書学者は、「自分の理解不足に対するマリヤの措置は賢い。神の真理が明らかでないとき、それを放棄してはならぬ。それを心に秘め、より十分な光を待つがよい」と言っている。

数年前のことである。ある高校の教師をしていたひとりの兄弟。突然失明という悲しい事態が起こった。いままでの幸福な生活は、この一事に遭って根底からくずれた。

妻や子のなげきいかにと案ずれど
盲《めしい》の我になすすべもなし
過ぎし日の思いにおぼれ涙する
今日このごろの我の悲しさ

彼はその当時の暗い自分の心を、このような歌につづっている。失明は同時に高校教師という職を失うことであった。妻と二人の子供を思うとき、彼の心は不安におののいたことであろう。いったい、これからどうやっていったらよいのだろうか。悲しむ妻、黙りこむ息子たち。彼は自分に与えられたこの悲しい運命を思い、心はすさみがちであった。

そんな時、ひとりの姉妹が訪ねてきて、熱心に信仰を説いてくれた。しかし、健康な人、しあわせな人の説く教えが、どんなにすばらしかろうと、それは彼の心を打たなかった。むしろ、反対に自分のみじめさを感じるだけであった。神さまがほんとうにおられるのなら、どうして私だけをこんな不幸におとしいれるのか。神が全能のかたであられるのなら、なぜ私の目を再び見えるようにしてくださらないのか。聞けば聞くほど、彼はわからなくなった。そして、この投げつけるような質問に対して、だれも適確な答えを与えてくれる人はなかった。わからない、わからない、たとえどんなに現実が暗くても、明日の朝を信じられる者にとっては、暗さは問題ではない。しかし、明日のない者にとっては、いまの暗さは悲しみのみである。

だが、彼はその疑問を放棄しなかった。聖書を読み、先輩を尋ね、牧師のことばに耳を傾けた。そして、そのような努力はむだには終わらなかった。彼はこの疑問の中で神の愛を知るに至ったのである。十字架にかかってまで自分の罪を赦してくださった神の愛を知るに至ったのである。

盲《めしい》の身苦しきことの多けれど
　生あるかぎり聖名をたたえん

彼はこの歌のごとく、いまみ名のために全生活をささげて感謝と喜びに満ちた日々を歩んでいる。子供たちも優秀な成績で大学に進み、暗かった家庭に再び光が取り戻された。

わたしたちには、神のみこころがわからなくなることがある。しかし、わからないからといって、放棄することは愚かである。だいたい、わたしたちの頭で神のみこころを知り尽くすことは不可能である。

「ああ、神の知恵と知識との富は、何と底知れず深いことでしょう。そのさばきは、何と知り尽くしがたく、その道は、何と測り知りがたいことでしょう」（ローマ一一・三三）

とあるとおりである。

　愛する友よ、わからないからといって投げてはならない。きみにとっていま必要なことは、「より十分な光を待つ」ことである。信じて待つ時、神は必ずそのみこころを示されるのである。

主はいつも十字架を負っていた

マリヤにとっても、ヨセフにとっても、前掲のイエスさまのことばを理解することができなかったのは当然である。なんと冷たいことばであるかと、悲しみをさえおぼえたことであろう。しかし「この人たちは、婦人たちやイエスの母マリヤ、およびイエスの兄弟たちとともに、みな心を合わせ、祈りに専念していた」という（使徒一・一四）エルサレムの二階座敷の記録は、すべてが解かれたマリヤの姿を彷彿《ほうふつ》とさせる。彼女にも、より十分な光が与えられる時がきたのである。それは神の子としてのイエス、神の宮にいるはずのものとして生まれたイエス・キリストとして、わが子を理解することであった。そのようなかたを宿し、そのようなかたを育てた光栄をいまさらのごとくにマリヤは感じたことであろう。

　このかたが、わたしのところにも、あなたのところにもきてくださったのである。この知らせこそ、聖書が宣べ伝えようとしているメッセージであり、ここにこそわれらの生きる喜び、力があるのである。まさに「主を喜ぶことはあなたがたの力です」（ネヘミヤ八・一〇、口語訳）と、聖書が証言しているとおりである。

ヨセフとマリヤの子として生まれ、育てられたイエスさま。わたしたちと同じように、泣いたり笑ったりしながら成長されたイエスさま。両親を愛し、それに仕え、ひたいに汗しながら働かれたイエスさま。なんと親しみのある三十年であったことであろう。神の子がそういう生活をすること自体、大いなるへりくだりである。

私は昨年台湾に伝道に出かけた。その時台湾の兄弟姉妹たちは、わたしたち伝道チームを心より歓待してくれた。あまりのご馳走攻めに、終わりごろには食事への招待に辟易するほどであった。それは彼らとわたしたちの生活習慣の違いからくるものであった。まことに申し訳ないが、このご馳走がわたしたちにはきつすぎる場合もあった。

このことと同じように、どんなにわたしたちが親しく善意をもってしても、神の子イエスにとって、わたしたちとともにあるということ自体、苦しみであられるにちがいない。しかし、主イエスは、あえてそれをなされ、そのことによって尊い贖いのわざをなされたのである。

わたしたちが救われるために、主イエスのなめられたみ苦しみを、けっして忘れてならない。のどかな主イエスの幼い時の生活も、主イエスにとっては十字架の道であったことを、わたしたちは見のがしてはならない。主はかく十字架を負いつつ、時の満つる時を待たれたのである。

第2章

エゴー・エイミ

――私は道であり、真理であり、命である――

五　荒野に叫ぶ声

聖書は、主イエスのナザレにおける三十年については、ほとんど何も語っていない。しかしそのことは、主イエスの三十年が何も語るに値するような事柄がなかったということではない。むしろ聖書があえて語っていないところに、われわれの聞くべきメッセージがあるのではないかと思う。

かつて、イスラエルの民がエジプトを脱出し、荒野を旅した時のことである。「イスラエル人は、旅路にある間、いつも雲が幕屋から上ったときに旅立った。雲が上らないと、上る日まで、旅立たなかった」（出エジプト四〇・三六、三七）と記している。

信仰とは、どのような状態にあっても、主のみことばに従って進むことである。しかし主は、私たちに進むことのみを求められるかたではない。ある時には止まることを求め、また退くことをさえ求められることがある。その時、どんなに自分の気がはやっても、静かに止まることが信仰である。自分にとっては、いま止まることは好機を逸することであると思われても、あるいは座して滅びを待つことのように判断されても、主のみことばのあるまで、そこに止まることが信仰である。そして主のみことばに従って進むことにも大きな信仰を必要とするが、主の示しのあるまで止まることにも、それ以上の信仰が必要であるのではなかろうか。

〝沈黙〟の三十年

主イエスのナザレの三十年は、まさに「止まる」三十年であった。多感な青年期において、多くの矛盾や悪のうずまくこの世に身をおきながら、しかも天的な能力を持つ主イエスにとって、三十年の沈黙はなんと長かったことであろう。どんなに苦しかったことであろう。しかし、主はじっとその時のくるまで待たれたのである。ここに主の歩まれた道がある。

昨年（一九七五年）の八月、東京の奥多摩で、全国青年アシュラムが開かれた。アシュラムとは退修を意味することばである。ともに集まって聖書を読むことと祈りをする集会である。従来のキリスト教の集会には、語る、論ずる、協議するといったことが多かった。この集会は、みことばをとおして徹底的に聞く集会である。

青年たちは、このねらいを徹底するために、二泊三日のこの集会では沈黙が重視された。お互いにあいさつもしない。もちろん議論などは禁物である。ただ聖書を読むことに終始する集会であった。最初は大部分の出席者がこの種の集会になれていないので、たいへん窮屈であり、せっかく全国から集まってきたのに、となりの人の名前も知らないというのでは、はなはだ物足りない感じがしないでもなかった。

しかし、この集会が終わった時、出席者は異口同音に、この「沈黙」の体験のすばらしかったことを語っていた。

大いに論じ、議することも、私たちの信仰にとっては大切である。しかしまた、完全なる「沈黙」を守ることも私たちにとっては必要なこと、とくに天よりの声を聞くためには欠くことのできないものであることを体験したことであった。

私たちは、今日もう一度、私たちの信仰にとって「止まる」ことや「黙る」ことの大切さを考えてみる必要があるのではなかろうか。相対的な人のことばではなく、絶対的に、ただ、それにひれ伏し、従って行かざるを得ないような、上よりのことばを聞くことなしに、真に私たちは「出て行く」ことはできないのではないかと思う。

創世記一章の天地創造において、「こうして夕があり、朝があった」(一・五)と記されているが、このことばは「止まる」ことや「沈黙」することは、「出て行く」こと「語る」ことのためであることを教えている。夕は朝のために意義があるのである。朝のない夕は絶望である。朝がやってくる時、私たちは立ち上がり、出かけて行くのである。それがいかにここちよい夢路であろうとも、朝がやってきたら、私たちは起き上がって出て行くのである。

主イエスの「沈黙」も、いつまでも続くものではなかった。彼はいつまでもナザレ人ではなかった。天のラッパが鳴り響く時がやってきたのである。その時主は、とりすがる母の手をさえふりきって、ふるさとをあとにしたのである。ルカは、主イエスがひとたび出て行ったナザレに帰って来た時、「ナザレに帰り」とは言わずに「ナザレに行き」(ルカ四・一六)と述べている。これは主イエスが夜の時を終わって、新しく朝の時に移られたことを示そうとしていると言えるのではなかろうか。

ともあれ、主は天よりの示しに従って出立されたのである。そして、彼はまずバプテスマのヨハネのところに行った。当時、ヨハネはらくだの毛衣を着て、野蜜を食としながら、荒野で「悔い改めのバプテスマ」を施していた。その姿は預言者エリヤのようであり、人々はその声を聞いて、あるいは神からくるメシヤではないかと、ひそかに期待を寄せていたようである。彼は人々に向かって叫んだ。

「まむしのすえたち。だれが必ず来る御怒りをのがれるように教えたのか。それなら、悔い改めにふさわしい実を結びなさい。『われわれの先祖はアブラハムだ。』と心の中で言うような考えではいけません。あなたがたに言っておくが、神は、この石ころからでも、アブラハムの子孫を起こすことがおできになるのです。斧もすでに木の根元に置かれています。だから、良い実を結ばない木は、みな切り倒されて、火に投げ込まれます」（マタイ三・七〜一〇）

このように叫ぶバプテスマのヨハネのもとに主が行かれ、彼から洗礼を受けられた。その時ヨハネは、

「私こそ、あなたからバプテスマを受けるはずですのに、あなたが、私のところにおいでになるのですか」（マタイ三・一四）

と言ったと記されている。だれにとっても、神の子が人から洗礼を受けられたということ、罪な

きかたが悔い改めのバプテスマを受けられたということに、解きがたいなぞを感ずる。

福音書の記者マタイは、この質問に対して、

「今はそうさせてもらいたい。このようにして、すべての正しいことを実行するのは、わたしたちにふさわしいのです」（マタイ三・一五）と語られた主のことばを引用して、暗にその疑問に答えようと意図しているようである。しかし、結局その意味はわからないというのがほんとうではなかろうか。

なにもかも、神のなさったことを、私たちが理解し、納得しようと思うことは誤りである。造られたものは、けっして造ったかたのすべてを理解できるはずがない。時には聖書が告げているままを受けとめていくことも、聖書を読む私たちの態度ではないか。

バプテスマのヨハネ

しかし、主イエスが天のラッパとともに立ち上がられた時、まずバプテスマのヨハネのところに行かれたのは、単に多くの人たちに連れられて彼のもとに行ったというようなわけではなく、そこにはっきりした理由があったことであろう。いったいその理由はなんであったのか。いったいその動機はどこにあったのか。それを知るためには、福音書が語る主イエスとヨハネの関係を見ていくことが大切であろう。

主イエスとヨハネについては、多くの人たちがこれを取り上げているが、高橋三郎先生の『共

観福音書概説』の中の、「洗礼者ヨハネの問題」の項は、たいへん興味深い論説であるように思われる。以下少しくこの論説にもとづいて、主イエスとヨハネの関係について考えていってみたい。

聖書は、ヨハネが「イスラエルの民の前に公に出現する日まで荒野にいた」（ルカ一・八〇）とか、「神のことばが、荒野でザカリヤの子ヨハネに下った」（ルカ三・三）と記して、彼が荒野にいたことを示している。また、らくだの毛衣を身にまとい、野蜜を食しながら、人々に向かって神のさばきを語ったことなどを合わせ考える時、当時荒野で隠遁《いんとん》生活を行なっていた「クムラン教団」と、彼は非常に深い関係にあったことは推測される。「クムラン教団」は、いわゆる死海写本の発見によって、われわれの前にクローズアップされてきた一つの集団で、その特徴は、

一、律法の精神を徹底させたこと

二、エルサレムの祭司やパリサイ人に対するプロテスト

三、汚された神の都エルサレムと、そこで行なわれている礼拝や祭りからの離反

であって、これらの点はヨハネの思想と一致するところである。しかし、両者は必ずしもすべての点で一致していたわけではない。例えば、クムラン教団では、水によるきよめはくり返し行なわれたが、ヨハネの洗礼は一回限りのものであったとか、クムランでは限られた修道僧の集団の中で洗礼を行なっていたのであるが、ヨハネはすべてのユダヤ人に悔い改めを呼びかけ、罪を告白する者にはすべて洗礼を授ける、普遍主義的性格であったとか、またそれ以上に重大な相違は、

洗礼を授ける権威は、彼にのみ与えられていたということなどがあげられる。

以上のような点を見ていくと、彼が当時のクムラン教団と無関係であったとは思われないが、それかと言って、彼が直ちにクムラン教団に属していた者であると断定することは、やや早計に過ぎるのではないかと思われる。したがって、主イエスとヨハネの関係は、ヨハネがクムラン教団に属していたところにあったと見るのは当たらない。

むしろ、のちに主イエスがご自分の権威の所在を聞かれた時、逆に「ヨハネのバプテスマは、天から来たのですか、人から出たのですか」（ルカ二〇・四）と質問しておられる中にうかがわれる。主イエスのバプテスマのヨハネに対するこの評価に、その関係が見られるのではないかと私は思う。

すなわち、ヨハネの権威は天からである。それは単なる反エルサレム運動のようなものではなく、まさに「神のことば」が彼に臨んだというところに、その権威の所在があると見られた。ゆえに、主イエスがまずヨハネのところを訪問された理由がそこにあるのではなかろうか。

それはまさに、かつてマリヤがみ使いからのみ告げを受けた時、大急ぎでガリラヤのナザレから、ユダの町に住むザカリヤの妻エリサベツのところに行き、三か月滞在したのと同じ事柄ではないかと私は思う。

最近私たちは、新聞などでよくいろいろな公害の被害者たちが同盟を結成しているニュースを見ることがある。同じ被害を受けた者がともに集まる時、そこに期せずして一致が生まれてくるのであろう。そして、ともに集まり、交わることにより、勇気を与えられ、力を与えられることであろう。

神さまからの選びや、神のことばが臨むことを、公害の被害者に比べることは適当ではないかも知れない。

ある日シモンの舟に神の子が乗り込んでこられたように（ルカ五・三）、神の選びを受けるということは、神が私たちの人生に乗り込んでこられることである。いままで自分が自分の舟の舵《かじ》を持っていたのに、その瞬間から、神がその舵手となられることである。

それはある意味では、自分の人生の終わりであり、あのミデヤンの地で、主の召しから避けようとしたモーセのように、神の選びはその人にとってけっして楽しいものではない。その意味では、神に召されるということは、神の被害ではないにしても、その支配を受けることである。そうした経験を真剣に受けとめていくとき、自然に同じ経験をした者たちが寄り集まってくる。教会とは召されたる者の集まりである、とは、まさにこのことではなかろうか。

私たちの教界には、しばしば分離や対立が見られる。福音の厳密な把握を志すとき、あるいはこのこともやむを得ないことかも知れない。

しかし、これが上からの召しといったものではなく、自分たちの受けとめ方から起きてきているとすれば、今日の傾向はけっして喜ばしき事柄ではあるまい。

ともに神に召された、ともに福音にあずかった、この原点に立つ時、はじめて「交わり」が私どもの間で生まれてくるのである。

主イエスとヨハネの出会い――。

それは神のラッパを聞いた者が互いに求めた交わりではなかろうか。そして、今日の神の民が、単に外に向かうための方法論としての一致や合同ではなく、神にあっての結実としての一致が示されているのではなかろうか。

六　悪魔の誘惑

バプテスマのヨハネのもとで、洗礼を受けた主イエスは、
「あなたは、わたしの愛する子、わたしはこれを喜ぶ」
とのみ声を聞いた。聖書はその時の情景を、
「天が開け、聖霊が、鳩のような形をして、自分の上に下られるのをご覧になった。また、天から声がした」（ルカ三・二一、二二）と述べている。

いったい「天が開け」とか「天から声がした」とはどういうことなのであろうか。また「聖霊が、鳩のような形をして」ということばは、その字義どおりに受け取るべきものなのだろうか。

いつかソ連の宇宙飛行士が、宇宙旅行から帰った時、「天に神はいなかった」と言ったという話があるが、いったい「天国」とはどこにあるのだろうか。

わたしたちは「天」と「空《そら》」とを混同してはならない。天国は空の上のほうにあるのではない。だいたい丸い地球を思うとき、「上」とはどこなのだろうか。北極の「上」は南極の「下」になるのではなかろうか。

聖書が「天」という場合、「神」の代わりのことばだといわれる。ユダヤ人は「主の御名を、

みだりに唱えてはならない」とのモーセの十戒のことばを遵守《じゅんしゅ》して（出エジプト二〇・七）、「神」というところを「天」と言ったそうである。したがって「天」とは、神的な事柄についての象徴的なことばである。

聖書といえども人のことばで書かれたものであるから、神のみわざをそのまま伝えることばを持たないこともある。だから、主イエスの受洗の時の様子を、聖書のことばどおりに、絵巻のように想像することは正しい読み方ではない。また現実離れしているがゆえに、これをおとぎばなしのように読むこともまちがいである。そこには確かに一つの聖なる体験があったのである。それを表わすのに、聖書はあのような象徴的なことばで表現するよりしかたがなかったのであり、われわれはそのことばの根底にある聖なる体験のあったことを認めることが大切である。

“天が開かれる”聖なる体験

使徒パウロが、自分の聖なる体験について、

「無益なことですが、誇るのもやむをえないことです。私は主の幻と啓示のことを話しましょう。私はキリストにあるひとりの人を知っています。この人は十四年前に――肉体のままであったか、私は知りません。肉体を離れてであったか、それも知りません。神はご存じです。――第三の天にまで引き上げられました。私はこの人が、――それが肉体のままであったか、肉体を離れてであったかは知りません。神はご存じです。――パラダイスに引き上げられて、人間は語る

ことを許されていない、口に出すことのできないことばを聞いたことを知っています」（Ⅱコリント一二・一～四）

と語っている。人間は自分の受けた経験でも、それが聖なる経験である場合、正しく表現することができないのである。しかしだいじなことは、そういう経験をわたしたちが持つということである。そしてパウロが、そういう経験を誇っているように、神に生きる者にとって、この経験こそ立つべき原点である。もし、この原点を持たずに立つ者があるとすれば、それは偽り者である。

預言者エレミヤは、

「わたしはこのような預言者たちを遣わさなかったのに、彼らは走り続け、わたしは彼らに語らなかったのに、彼らは預言している」（エレミヤ二三・二一）

と、当時の偽預言者に対する主のことばを預言しているとおりである。

たとえ、それがどんなに世の人々の求めであり、人の目には尊い価値あるものと思われても、神に生きる者にとっては、みことばを聞くまでは動かないというがんこささこそ必要なことではないかと思う。

わが君イエスよ、みゆるしなくば、
われはなすまじ、この身にとりて
いかにさちなる　わざはありとも。

わが君イエスよ、みむねならずば、
われはまなばじ、かしこきひとの
いかにすぐれし　おしえありとも。

わが君イエスよ、みまねきなくば、
われは行くまじ、うき世の友の
いかにいざなう　道はありとも。

わが君イエスよ、君いまさずば、
われはのぼらじ、あまつみくにに
いかにたのしき　すまいありとも。（『讃美歌』三五七）

と歌われているが、この心がまえが大切である。

今日、キリスト者の社会的関心が強まり、世の光、地の塩としての行動や実践が強調されるようになったことは、たいへん重要なことである。もし、われわれがただ自分の救いにとどまり、となり人に対する関心や、社会正義に関する情熱を持たないとすれば、それこそききめを失った塩であり、もはやなんの役にも立たず、ただ外に捨てられて、人々に踏みつけられるだけである。

最近、主イエスは被圧迫者のために生きられたことが説かれ、このイエスを主と信じるわれわれキリスト者も、こうした人々のために常に体制側に対して戦う者でなければならないと言われる。まったくそのとおりである。やがて、

「最も小さい者たちのひとりにしたのは、わたしにしたのです」（マタイ二五・四〇）

と言われるかたの前に立たなければならない私たちにとっては、こうした生き方こそ真実の生き方であろう。

だが、もしそれがどんなに尊くあろうとも、「天にいますわが父の御旨を行なう」ことでなかったならば、たとえ主の名によって「預言」しても、「悪霊を追い出し」、「多くの力あるわざを行なった」としても、それらはまったく神の関知するところのものとはならない（マタイ七・二一、二二、口語訳参照）。

「わたしはあなたがたを全然知らない。不法をなす者ども。わたしから離れて行け」（マタイ七・二三）

この主イエスのおことばは、私どもに対していかに「父のみこころ」を知ることが大切であるかを教えている。

神に生きる者は、「自分の心の幻」を語ったり、自分の判断で走ってはならない（エレミヤ二三・一六）。どこまでも神のことばを待つべきであり、神のみ旨が示されるまで静まるべきである。今日、社会的実践が強調される反面、このことが軽視されているとすれば、わざわいなるかなである。

戦時中、兵役を拒否し続けた村本一生というキリスト者について、稲垣真美という人が「朝日ジャーナル」誌に一文をのせたことがある。

稲垣氏は、その文章の最後を「きわめて少数の人だけがその拒否を貫き得たのは、内面の核としての別の王国をもっていたからではないか」と語り、「ぼくにとって、きみにとって、〝核〟とは何なのか」と結んでいた。

「聖書には『汝殺《なんじころ》すなかれ』とあるのに、毎日武器の訓練に励んでいる。これはいけない、とついに決心して、ある朝、自分は信仰上銃を持つことはできない」と申し出た。

これが村本一生氏が兵役拒否をした理由である。彼は他の多くの日本人と同じように、くる日もくる日も、かたよった情報にもとづく軍国主義の精神教育を受けたはずである。しかし、彼にはもう一つの声が日ごとにひびき、二者択一を迫られたのである。

そして、ついには彼は日本人たるよりも、神の国の民として、神のみ旨を行なうことを選び取り、あえて苦しみと恥ずかしめの道を歩んだのである。まさに十字架を背負って生きたのである。この人はわれわれに「内面の〝核〟としての別の王国」を持つことがいかに大切かということを教えてくれている。

その意味で、短いことばではあるが、主イエスが公生涯にお入りになる前に、天的な経験、しかも天よりのおことばを聞いたという事柄は、今日のわれわれに対して非常に重要な意味を持っていると言えよう。しかも、それが「祈っておられる」時であり、その聞いたことばが聖書のことばであったということ（「あなたは、わたしの愛する子」は、詩篇二篇のことば。「わたしはこれを喜ぶ」はイザヤ書四二章一節）も、祈りやみことばを聞くことのききんを思わしめる今日、示唆に富む事柄である。

この文章の意図から、これ以上細かな解釈は省略するが、今日のキリスト者は、その根本姿勢をこのところから深く学ぶべきである。

沈黙している死の山

主イエスは、聖なる体験ののち、「御霊に導かれて荒野におり、四十日間、悪魔の試みに会われた」（ルカ四・一、二）。

「導かれる」とか、「追いやられた」（マルコ一・一二）ということばは理解に苦しむことばである。しかし、御霊はいつもやさしく、甘い私たちの保護者ではない。

「銀にはるつぼ、金には炉、人の心をためすのは主」（箴言一七・三）とのみことばのごとく、神はしばしば私どもを炉に投げ入れて、ご自分の器として私たちを練り鍛えられる。

そのゆえに、たとえいまのあなたがどのような荒野に立たされていようと、友よ、失望してはならない。悲しみ悩んではならない。聖霊に満ちた主イエスをさえ、荒野に追いやり、悪魔の試みを受けさせたもうた神は、いまあなたに対する大いなるご計画をもって、そこに立たせていたもうのである。

あなたにとっていまなすべきことは、そこから逃れることを祈ることではなく、そこで神のみこころを知ることであり、み旨の成らんことを祈ることである。

「あなたがたは十日の間苦しみを受ける」（黙示録二・一〇）と預言されてあるごとく、あなたの受けている苦難がいかにきびしくとも、それは十日の間である。それが神によって与えられたものであるがゆえに、必ず十一日目があるのである。それを信じて待つこと。そこでもきびしく神のみことばに立って生きること、これがあなたのなすべきことである。

主イエスが受けられた誘惑の山は、エリコの城趾から見ることができる。緑したたるエリコの町に対して、この山は一本の木も生えていないような瓦礫《がれき》の山である。

矢代静一氏が『イエスへの出発』の中に、この地を訪れた時のことを次のごとく記している。

「ユダの荒野を通りすぎて行く。この荒野の風景をどう伝えたらよいであろう。行けども行けども、一本の木も草もないのだ。山肌は黄土色とも赤茶色ともちがう。砂と岩と石ころで盛り上っている。ちょうどモーリス・ユトリロ描くパリの町角の壁の色に似ているなと思ったが、すぐ違うと思った。そんな詩的なイメージや、うらぶれた感触など拒否する圧力があるのだ。

のちに訪れた死海のほとりからすこしはずれたエリコの町から『誘惑の山』をあおぐことができる。イエスが悪魔に試された山である。私は、この荒野を振りあおいで例の問答のもつ重みがかなり分ったように思った。……日本の東京の高度成長経済とかの只中にいると、人はパンのみにして生きるにあらずというアフォリズムは、怠惰なる精神を引きしめるためにはたしかに役立つ。けれどもいま、こうして、ユダの荒野に立っていると、悪魔の設問はもっと、トコトンギリギリの切実な欲求だったことが分るのだ。とにかく、なにもないのだ。だから、石がパンに変わってくれなければ、民衆は生きて行けないのだ。私には、悪魔の望みは、どうやら、民衆の願望を代弁しているようにさえ感じられてくるのであった。民衆は、飢えて、ほとんど死にかかっている。そんなとき、人はパンのみにして生きるにあらずと言いきる勇気と決断は、無慈悲ではないか。私は、ただ、無言で、あの詩篇の文句のように『吾、山に向いて、目を挙ぐ』のみなのであった」

わたしもかの地を訪ね、ユダの山々を見、誘惑の山を眺望した時、確かに「トコトンギリギリ」ということを感じた。いな、わたしには、これらの地は死んでいるようにさえ思えた。そして草木の一つも生えていない、誘惑の山を眺めながら、二千年前、四十日四十夜、主イエスが受けられた悪魔のこころみのきびしさがリアルに迫ってくるのを感じた。

わたしどもは、ともすると主イエスの事柄を、ただ観念的にしか受けとめていない傾向があるが、そそり立つ沈黙の山を前にして、事新しくそのきびしさに触れ、自分たちの甘さが痛感させられたことであった。

「主は聖霊によりてやどり、処女《おとめ》マリヤより生まれ、ポンテオ・ピラトのもとに苦しみを受け、十字架につけられ、死にて葬られ、陰府《よみ》にくだり、三日目に死人のうちよりよみがえり、天にのぼり、全能の父なる神の右に座したまえり。かしこより来たりて、生ける者と死ねる者とを審《さば》き

たまわん」（使徒信条）

と、わたしたちは告白しているが、これらの一つ一つが、どれだけわたしたちにとって、現実的な重さを持っているだろうか。その重さを感得した者のみが、それからの復活を、そして主の来臨を本気で喜ぶことができるのではなかろうか。

ある死刑囚が、「わたしには神の存在を疑う余裕がない」と語ったと聞かされたことがある。わたしは主の誘惑の山を仰ぎながら、ふとこのことを思い出した。とくとくとして議論をかわしている時、私たちははたして、あの死んだような荒野で、真剣に悪魔と戦われた主イエスのような、ぎりぎりのところに立っているだろうか。

自分の罪に対して少しの余裕をも持たないほどに、真剣に生きることなしに、しょせん、わたしたちは主の勝利にあずかる喜びを味わい得ないのではなかろうか。

誘惑の山の中腹に建物が建っていた。聞くところによると、ギリシヤ正教会の修道院とのことであった。断崖絶壁にへばりつくように建てられた修道院に、今日も主のみ苦しみにあずかろうとして生きている人があることを知った時、それを眺めている自分はこれでよいのだろうかと、自問せずにはおれなかった。

七　荒野の試み

主イエスが受けられた「荒野の試み」の真実性について、あれは単なる想像的物語であって、全く非歴史的なものであると断定する学者もあるようである。だが、大部分の人たちは、主イエスの試みの完全なる真実性を疑うべきではないと考えている。

しかし、聖書が記しているように、悪魔が出現して、次々と試みをしかけてきた、とする人は、少ないのではなかろうか。むしろ、主イエスが公生涯に踏み出すに当たって、どのように生くべきか、それについて、人間からの助言を求めることを避けて、神に問うべく「荒野」に出て行かれたのであるとするのが、大部分の人たちの考えるところではないかと思う。

戦前、中国の熱河に伝道した沢崎堅造先生が、「曠野《こうや》へ」という一文を残しておられる。その中に次のようなことが書かれている。

「曠野とは如何《いか》なる処《ところ》か。私の興味は次第にここに集中して来た。調べて見ると、曠野とは原来『語る』と云う動詞から出ている。声の有る処という意味になろう。それは如何なることか。曠野とは人無き声なき処であると誰れもが考えるであろうに。私は不思議に思ったので、更に調べ更に考えて見た。私が朝早く独り曠野に出るのは、全く人里を離れた静かな処が欲しいからである。静かに祈り独り聖書に親しみたいからである。然るに声のある処というのはどう云う意味であろう。私はやがてその意味がわかった。それは神語る処神の声の有る処と云う意味である。神の声である。

イスラエル人が常に神を仰ぎ、神のことに心を集中していたことを思い出した。私達はとかく人間中心に物を観勝《みが》ちであり考えがちである。だから人の声の無い処として曠野を選んで往《ゆ》くのであるが、却ってそこには、神の声が有るわけである。神の声が聞えるからこそ、私は祈りに其処《そこ》へ往くわけである。

曠野は人無き処である。併《しか》し神が在る処である。（中略）

曠野は神語る処である。

併し悪魔の声もする処である。また天使の声もするところである。併し神が語るときは、一切の声は沈黙に帰してしまうであろう。更に面白いことは、ヘブル語で神託をうける聖所はデビル（debir）と云うが、これは曠野を意味するドベル（dober）と極めて密接な関係があるであろうと云うことである。聖所または至聖所は、勿論《もちろん》神殿の中で最も神聖な場所であり、そこで神託を享《う》けるのである。神語る処である。祭司これを聞き、預言者これを伝えるのである。

ところが一方曠野とは如何なる処であるか。先きに示したように、人無き処である。凡《す》べての人が往くを喜ばない淋しい処である。樹はなく家はなく、水も少ない処である。唯《ただ》、牛や羊が放たれてある平原である。けれどもかかる処にこそ神は在る、神の声は聞えるのであるとしたイスラエルの人々の考え方、聖書に於《お》いて示された神の言《ことば》というものの意義を思うものである。恐らくは、曠野に天幕を張ったイスラエル人の特別に神から与えられた思慮の言葉であったろう」（沢崎堅造著『新の墓にて』）。

これは沢崎堅造先生の体験的荒野論である。わたしたちが主イエスの荒野の試みを理解するために、この体験論は大きな示唆を与えてくれるのではなかろうか。

神は語りたもう

すなわち、主イエスの荒野の試みは、悪魔に試みられることに目的があったというよりは、悪魔の試みに対する神の声を聞くことにその目的があったと解すべきであろう。

バークレーが、その著『イエスの生涯』の中で、

「わたしたちはこの物語に、また聖書の中で、普通に用いられている試みという言葉の意味を明らかにする必要がある。ほとんどの場合、試みを、人を罪に誘い出す計画的な意地悪い企てとみている。しかし新約聖書のその言葉ペイラゼエイン（peirazein）は、『誘惑』するというよりも試みるということを意味した。（中略）

イエスの誘惑は、イエスの試みであった。誘惑はいつも試みである。それは人をおとしいれるのではなく、人を試み、試験し、その試される状況の中からちょうど金属が火の中で試み、試験されるように、人がより強く、洗練され、純粋にされるからである」と説いている。

彼もまた、主イエスの試みを悪魔に試みられるというよりは、主イエスが神のことばによって強められるためであったと理解しているようである。

ともあれ、主イエスがしばしば山に退き、さびしい所に行かれて、祈りの時を過ごされたことは、福音書を読む時気づくことである。彼はその生涯中、神のことばを聞かんために人を避けて、さびしい地、すなわち荒野に行かれたようである。

使徒パウロが、ピシデヤのアンテオケで奨励に当たった時、イスラエル人の四十年にわたる荒野の旅について、神が約四十年間、荒野で彼らを養われたと語っている（使徒一三・一八）。まさにイスラエル人にとっては、荒野の四十年は彼らの信仰の〝はぐくみ〟の場であったのである。

このことは、今日のわたしたちにとっても大切なことである。わたしたちはいったい、自分の信仰生活の中で、信仰のはぐくみの場である「荒野」を、どれほどの情熱をもって慕い求めているだろうか。

今日しばしば「主のことばを聞くことの飢饉《ききん》」という預言者アモスの警句を聞く。たしかに今日の教会が、また信徒が力弱いのは「主のことば」に立っていないところにある。時の流れに左《さ》顧右眄《こうべん》するようでは、世の光、地の塩とはいえない。わたしたちはいまこそ、しっかりと神のことばを聞き、それに立つべきである。しかし、神の声が聞かれる場に立たずして、どのように熱心に求めても、神のことばを聞くことはできない。

その意味において、今日、あなたにとっても、わたしにとっても荒野に立つ時が少ない。いな皆無であるところにすべての問題の原因があるのではなかろうか。主イエスの荒野の試みの持つ今日的な意義の一つはここにある。

人の一致も、組織の拡大も必要であろう。だが、もし神のことばが聞かれないならば、電流の流れない電球のようなものである。どんな巨大な電球も意味をもたない。電球は電流が流れてこそ意味をもつのである。それと同様に、わたしたちも神のことばによってはじめて意味をもち、力を発揮できるのである。「汝等《なんぢら》しづまりて我の神たるをしれ」（詩篇四六・一〇、文語訳）である。

神のことばに立つ

さて、主イエスは荒野で三つの試みを受けられた。マタイの福音書とルカの福音書には、ともにくわしく記されている。しかし、その順序は異なっている。

マタイのほうは、第一がパンの試み、第二が宮の頂上での試み、第三が高い山での試みとなっている。ルカのほうは、パンの試みの次に、高い山での試みがきており、宮の頂上の試みは最後になっている。

この試みについて遠藤周作氏は、『イエスの生涯』の中で、次のように述べている。

「私の考えはこうである。イエスはこのクムラン修院の付近で孤独な修行をされながら、彼らから思想的対決を迫られたのであろう。ひょっとするとクムラン修院の信徒たちはイエスを自分たちの一員として迎え入れようとしたのかもしれない。（中略）

イエスとクムラン教団との精神的な対決がこの時からはじまった。クムラン教団の誘いに首をふられるイエスの姿があの聖書の悪魔の試みの場面に眼にみえるように書かれている。『汝、神の子ならば、命じて、この石をパンならしめよ』と教団の指導者たちは迫る。言いかえればそれは地上の王国（パン）はいかなる救いの言葉（石）よりも有効ではないかと言う彼等の真意を示している。『すべての権威と栄光とを汝に与えん』。教団の指導者たちはここで、はじめて自分たちの本心をうちあける。それこそクムラン教団がやがてエルサレムの神殿をサドカイ派やパリサイ派から奪回した時に摑《つか》めると彼等が夢みていることだった。これらの誘いに遂《つい》にイエスはくるしく首をふられる。彼らの考え方に同化できぬ自分を見出されたのだ。（中略）

イエスはこのユダの荒野とそこに集まった人々に欠けているものを知っておられた。ユダの荒野、わずかな灌木と茨とがところどころに生えているほか、生きるものの何一つない褐色の荒野、その地平線には酸化した触髏《されこうべ》のような禿げ山がつらなっている。死にたえたような死海の面、そこに欠けているのは荒野に住む人々の『やさしさ』だった。そこに欠けているのは『愛』だった。クムラン教団もヨハネ教団も人々に悔い改めと神の怒りを教えたが、愛については語らなかった」。

遠藤氏は三つの試みを主イエスのクムラン教団との訣別の理由として見ている。

神は人間に対して、ただ怒り、罰するためにだけあるのか。神はそれら哀しい人間に愛を注ぐためにあるのではないか。荒涼たる死海と禿げ山とはクムラン教団やヨハネ教団に怖《おそ》るべき怒りの神のイメージしか与えなかったが、イエスはそれと反対に、人間の哀しさを知る愛の神のイメージをもたれたにちがいない、と彼は想像している。

まことにうがった想像ではあるが、信仰とはもっと他者なる神の迫りにおいて生じてくるものではなかろうか。遠藤氏の考えでは、この試みは、しょせん人間イエスの判断によるものでしかないように思われ、なにかもの足りなさを感じる。

この点で、英国のバークレーの解釈は遠藤氏に比して宗教的であっておもしろい。

彼によると、この三つの試みは、彼の自意識とそれに伴う使命感に対する悪魔の攻撃であったと解釈されている。すなわち、悪魔は主イエスに対する試みのことばの中で、二回、「もしあなたが神の子であるなら」と語りかけていることに注目している。神の子が飢えたり、神の子が危険から守られなかったりするはずがないという、自意識への挑戦として試みを見ようとしているのである。

バークレーは疑いを持つことほど、人を無力にしてしまうものはない。確信なしには、決然たる、また効果的な行為をすることはできないと述べている。全くそのとおりである。

悪魔は常にわたしたちの根源的なものに挑戦してくる存在である。彼は三つの試みについてそれぞれの意味を問いながら、

「イエスに臨んだ試みは、その能力を利己的に使用すること、その計画のまっ先に物質的な利益にかかわるような、感動的な事柄を手段にして、早急な効果を望むような、妥協することで人気を獲得するような試みであった。また何物にもまして、それは自己に不信を覚え、その召命を疑い、神の声に聞くより、在来からある期待に応《こた》えようとする試みであった。そして彼の試みに対処しようとする方法は、すべての望みと、すべての傾向を神の言に、意志を服従させ、そこに見出しうる決定に従うことであった」と結論している（バークレー著『イエスの生涯』）。

しもべにして王なるキリスト

主イエスが受洗の時、「あなたは、わたしの愛する子、わたしはこれを喜ぶ」との天よりのみ声を聞いた。このおことばの前半は詩篇二篇七節のことばであって、これは受膏者《じゅこうしゃ》キリストをうたったものである。このことばによって、彼は天よりキリストとしての任命を受けたわけである。後半はイザヤ書四二章一節のことばであって、いわゆるしもべの歌と呼ばれているものの一節である。

したがって、よく言われることであるが、この天よりの二つのことばは、しもべにして王なるキリストを示しており、しもべの姿をとった救い主、これこそ天が主イエスに示された道である。ここに神の遣わしたもうたキリストの秘密がある。この相反する二つの面を、ともに生きるということは、人間の理解を越えたものである。この姿こそ主イエスのご生涯を貫いたものであった。

すなわち、神の子がベツレヘムの馬小屋で、「布にくるまって飼葉おけに寝ておられる」（ルカ二・一二）、そのご誕生から、人々の嘲笑を受けながら、十字架につけられて息絶えたゴルゴタの丘に至るまで、主イエスの姿は、キリストでありながら、常に貧しく、弱いものであった。しかし、それは他律的に強いられた姿ではなくして、主イエスが選びとられた姿であり、そこに彼のわたしたちへの愛があったのである。

そのことは、彼が「だれも、わたしからいのちを取った者はいません。わたしが自分からいのちを捨てるのです。わたしには、それを捨てる権威があり、それをもう一度得る権威があります。わたしはこの命令をわたしの父から受けたのです」（ヨハネ一〇・一八）と言われたおことばによって明らかである。

また、十字架を前にして、祭司長や民の長老たちから送られた大勢の群衆が、主イエスを捕えようとしてやってきた時、「わたしが父にお願いして、十二軍団よりも多くの御使いを、今わたしの配下に置いていただくことができないとでも思うのですか。だが、そのようなことをすれば、こうならなければならないと書いてある聖書が、どうして実現されましょう」（マタイ二六・五三、五四）と、いきり立つ弟子たちをいさめられたおことばによっても明らかである。

これらによって、主イエスのご生涯は、まさに捨てるご生涯であったことを知ることができる。捨てることにおいて、しもべにして救い主というご自身の使命を全うされたのである。

わたしは、この「捨てる」という主のご生涯の歩みの中で、この荒野の試みを見ていくことが正しいのではないかと思うのである。
たしかに、神の子は石をパンに変えることができたかたである。それがどうして石をパンに変えることができないであろうか。また、神の子は、宮の頂上がいかに高かろうと、天使に守られて、そこから飛び降りることができる。荒れ狂うガリラヤの湖上を歩いて、弟子たちのもとに行かれたかたが、どうして宮の屋上から飛び降りることができないであろうか。

神の子は、全世界の国々の権威と栄華を支配することができる。その誕生の日に、東の博士たちをして、黄金、乳香、没薬などの贈り物をもってひれ伏さしめたかたである。どうして全世界を支配することができないであろうか。「神にはなんでもできる」と断言された主は、その全能の神の子である。彼にできないことがあろうはずがない。

だいじなことは、そのことをあえて捨てられたことである。捨てることなしに罪人を救う道がなかったのである。捨てることはけっしてやさしいことではない。そこには不安があり、恐れが伴う。愛のむつかしさはここにある。

主もまた、けっして淡々とご自身を捨てることができなかったのである。ゲッセマネのあの血のしたたりのような汗とともに祈られた祈りが、そのことを示している。

しかし、主はご自身の使命のために、ご自身のすべてを捨てられたのである。そこに、この荒野の試みが福音書に記されているゆえんがあるのではなかろうか。

八　神の国は近づいた

激しい荒野の試みを経て、いよいよ主は宣教活動に入られるわけであるが、ルカは「イエスは御霊の力を帯びてガリラヤに帰られた」（ルカ四・一四）と記している。これに対してマタイやマルコは「ヨハネが捕えられて後」とのみ記している。

ヨハネが捕えられた理由については、マルコ六章一四節以下にくわしく記されている。後にマケルスの獄に幽閉されていたヨハネが、その弟子たちを主イエスのもとに送って、「おいでになるはずの方は、あなたですか。それとも、私たちは別の方を待つべきでしょうか」（マタイ一一・三）と問わせているが、このことは、王の姦淫を責めたヨハネの投獄が、当時の人々の心をいかに暗いものにしていたかを物語っている。

主が十字架にかけられたとき、昼の十二時だというのに、「全地が暗くなって」（マタイ二七・四五）と記されているように、真理や正義が打ち負かされる時、人々の心は真っ暗やみになる。地球は何度この暗やみに襲われたことであろう。人の心は幾度この暗やみに襲われたことであろう。人の心は暗雲におおわれたことであろう。

御霊の力を帯びて

そのような暗黒の知らせが世間をおおいはじめた時、主は公生涯に入られたのである。

しかし、そのことは、主イエスがこの地上から暗やみを取り除くために立ち上がられたと理解されるとき、それは果たして正しい理解と言えるだろうか。現に、マケルスのヨハネが、主イエスの活動に対して疑問をいだきはじめたように、主のご生涯は、当時の人々がえがいたような救い主のそれではなかった。

ある人の説教の中に、こんな意味のことが言われていた。

「あなたたちは、暗い部屋を明るくするために、どのようなことをするか。まさか、その部屋からポンプで〝暗さ〟を押し出すようなことはすまい。部屋を明るくするには電灯をともせばよい」。

わたしたちは、ポンプで暗い部屋から〝暗さ〟を押し出すような愚行をやりやすい。よし、そのようなことができるとしても、それでその部屋は光の部屋となるわけではない。たしかに暗さは存在しないけれども、それだからといって、明るさが生まれるわけではない。わたしたちの求めているのは、暗さのない世界ではなく、明るい世界、光の国である。

主イエスが来られたのは、まさにこの〝光の国〟の実現のためであった。

「時が満ち、神の国は近くなった。悔い改めて福音を信じなさい」(マルコ一・一五)

この、主イエスの宣教こそ、主イエスご到来の目的である。

使徒パウロが、囚人としてローマに護送されて行く途中、クレテ島の近くで、ユーラクロンの暴風雨に襲われた時のことが、使徒の働き二七章一三節以下に記されている。「太陽も星も見えない日が幾日も続き、激しい暴風が吹きまくるので、私たちが助かる最後の望みも今や絶たれようとしていた」と、その時の絶望的状態が述べられている。

そういう恐怖と絶望の中で、パウロは立ち上がり、

「皆さん。あなたがたは私の忠告を聞き入れて、クレテを出帆しなかったら、こんな危害や損失をこうむらなくて済んだのです。しかし、今、お勧めします。元気を出しなさい。あなたがたのうち、いのちを失う者はひとりもありません」

と語った。

だれもが絶望している時、船長も船主も、恐怖のあまり食事もできないような時、「元気を出しなさい」と言うことは、けっしてたやすいことではない。自分もその中にいて、なぜ彼はそのようなことを言うことができたのであろうか。

彼は言う。「昨夜、私の主で、私の仕えている神の御使いが、私の前に立って、こう言いました。『恐れてはいけません。パウロ。あなたは必ずカイザルの前に立ちます。そして、神はあなたと同船している人々をみな、あなたにお与えになったのです。』ですから、皆さん。元気を出しなさい」。

彼があのような状況の中で、なお人々を元気づけ、絶望におののく人たちに、光と望みを与え

ることばを語り得たのは、まさに、彼が神のみ使いからのことばを聞いていたからである。この確信、この客観性が、彼をしてあのような時にも、力強い説得力を持たせたのである。

主イエスが「御霊の力を帯びて」と、ルカが記しているのは、まさに、このような状態を言っているのではなかろうか。パウロは「聖霊の証印」（エペソ一・一三）ということを強調しているが、その弟子であるルカも、他の福音書記者に比べて、「聖霊」とか「御霊」ということばを多く使っている。

それは、この確かさがなければ、どんなことばも、とくに神の国の便り、天来のおとずれなどは、人々への説得力を持たないことを強調しようとしているのであろう。

御霊の力に満ちあふれた主イエスは、義人ヨハネの投獄という暗黒の中にある人々に向かって、神の国の到来を告げ、「悔い改めて」「福音」を信ずべきを強調した。この主イエスの宣教は、暗黒の中にあった人々の心を奮い立たせる不思議な力をもっていた。ゆえに、その力に圧倒された人々は、主を心より尊敬したと記されている。

かくのごとく、宣教第一歩のガリラヤ伝道は、御霊の力にあふれた主によって、大成功であった。

しかし、伝道の目的は「成功」にあるのではない。神の国の到来の宣教であり、ひとりびとりをして、そのゆえに悔い改めて、主に立ち返らせることにあるのである。

そこで主は、安息日にナザレの会堂にお入りになり、立ち上がって、聖書の朗読をなし、説教者の席につかれた。その時「会堂にいるみなの目がイエスに注がれた」と記されている（ルカ四・二〇）。いかに故郷の人たちから尊敬と期待をかけられていたか、この一事で明らかである。

説教は、語る者の召命感と、聞く者の期待がスパークする時、神のことばの宣教となる。したがって、説教の責任は、説教者にのみ帰せられるべきものではなく、聴衆にもその一半がある。

主の御霊がわたしに宿っている。
貧しい人々に福音を宣べ伝えさせるために
わたしを聖別してくださったからである。
主はわたしをつかわして、
囚人が解放され、盲人の目が開かれることを告げ知らせ、
打ちひしがれている者に自由を得させ、
主のめぐみの年を告げ知らせるのである。（ルカ四・一八、一九、口語訳）

これは、イザヤ書六一章一、二節、五八章六節のギリシヤ語訳からの自由な引用である。

これは、いわゆる〝主のしもべの歌〟と呼ばれているものである。すなわち、来たるべき救い主を預言したものである。主イエスは「きょう、聖書のこのみことばが、あなたがたが聞いたとおり実現しました」と説かれた。すなわち、このイザヤが預言した救い主こそ、このわたしである、と宣言したのである。

まさに、新しい時、光の世の到来を告げたのである。

この宣言を聞いたナザレの人たちは、「この人は、ヨセフの子ではないか」と言ったと記されている。このナザレ人のことばについては、いろいろな解釈がなされている。これと同じようなことばが、マルコ六・三、マタイ一三・五五にも出ているが、これらの場合は、多少侮蔑的なひびきを持っていたようである。ここの場合は「感嘆」して言ったのであるから、むしろ、不思議さをもって言ったことばのように解せられる。

約束の信仰

ともあれ、人々は目に見える「しるし」を求めるものである。しかし、信仰とは、とくにキリスト教信仰とは、約束の信仰である。時々、喜びに踊り狂うような信仰が求められることがあるが、「約束の信仰」とは、そんなに感情的な高ぶりを起こさせるものであろうか。わたしは、キリスト教信仰の喜びは、もっと冷静なものではないかと思う。

さて、主イエスの堂々たる態度に対して、感嘆したナザレの人々が、なぜこのようなことばを口にしたのだろうか。それは彼らが、どこまでも地上の目でしか主イエスを見ることができなかったゆえではなかろうか。その後彼らは、主のことばにつまずいて、主を町の外へ追い出し、丘のがけまで引っぱって行き、突き落とそうとした、と記されているが、いったい、このような変化はどこに起因しているのだろうか。

主イエスが大勢の群衆に向かって、

「わたしのもとに来て、自分の父、母、妻、子、兄弟、姉妹、そのうえ自分のいのちまでも憎まない者は、わたしの弟子になることはできません」（ルカ一四・二五）

と言われている。

これは実にきびしいことばである。それだのに、わたしたちは、今日、その主の弟子とされようとしている。はたして、私たちに、わたしたちが慕いまつる主とは、このようなきびしいことを求められるかたであるという認識があるだろうか。もし、わたしの罪が、主の十字架のゆえに赦された、感謝だ、感謝だと言っているような信仰であるなら、宝くじを買うために行列している人と、どれだけの違いがあるのだろうか。

わたしたちが、このような、いわゆる「安価な福音」に生きているならば、主のゆえに苦しみや悲しみが襲ってきた時、とうてい、その信仰を堅持していくことができないであろう。

「イエスの天の国を愛する人は多いが、その十字架をになおうとする人は少ない。慰めをのぞむ人は多いが、苦しみをのぞむ人は少ない。イエスと共に食卓につきたい人は多いが、イエスと共に断食する人は少ない。キリストと共に楽しむことをのぞむが、キリストのために、何ごとかを忍ぼうとする人は少ない。パンを裂くまでイエスに従う人は多いが、受難の杯を共に飲もうとする人は少ない。多くの人は、その奇跡に感嘆する。しかし、十字架の恥ずかしめまでつき従う人は少ない。多くの人は、不幸がこない限りイエスを愛し、慰めを受けている限り彼を祝する。しかし、イエスが姿を隠し、しばらくの間でも、彼らから離れ去ると、不平を言い、ひどく落胆する」（トマス・ア・ケンピス著『キリストにならいて』）。

ナザレの人たちが、主を喜んだのもつかの間、すぐに反発し、ついに、主を町の外へ連れ出して殺そうとしたのも、彼らが主イエスから受けることばかり考えていたからではなかろうか。

悔い改めとは、自己の拡張ではなく、再生である。再び生まれるためには、死ななければならない。すなわち、自分の立場や常識や考え、希望、計画、そうした一切を捨てることなしにはあり得ないことである。

使徒パウロは、「しかし、今は、律法とは別に、しかも律法と預言者によってあかしされて、神の義が示されました。すなわち、イエス・キリストを信じる信仰による神の義であって、それはすべての信じる人に与えられ、何の差別もありません」（ローマ三・二一、二二）と、イエス・キリストによる福音の真髄を述べている。

スウェーデンの神学者ニグレンは、その著『ロマ書の講解』の中で、「神の義」を「神よりの義」と訳すことが正しいと説いている。わたしたちには差がある。知恵のある者ない者、心の美しい人汚れている人、行ないの正しい者、あやまちを犯した者。しかし、それらに注がれる神の恵みは一様である。そこに、主イエスの十字架の恵みがある。

それはちょうど、夕立にあった人たちのようなものである。天からの雨に降られる時、どの人もみんなヌレネズミのように、びしょぬれになる。わたしたちはみんな、あの夕立の時にびしょぬれになった人たちのように、神の恵みに浴することができるようになったのである。

「そこにはなんらの差別もなくなる」。福音が実現したのである。しかし、それは放蕩息子にとっては大きな喜びであったが、忠僕な、あの兄にとっては、大きな不満であったように、夕方の五時から働いた者には、望外の喜びであったが、朝の早くから就労した者には不平であったように、ナザレの人たちには、ゆるしがたい事柄に思えたのである。

自分たちが、ザレパテのやもめや、シリヤのナアマンといっしょにされた時、いな、彼らが救われて、自分たちが救われないなどと言われた時、彼らの怒りは頂点に達したのである。

しかし「主は心の打ち砕かれた者の近くにおられ、たましいの砕かれた者を救われる」（詩篇三四・一八）と歌われているとおりである。だれでも自分の思いを捨てて、主のことばを信じない者、受け入れない者は、救いの恵みにあずかれず、どんな異邦人でも、それがたとえどんなに弱い女、汚れたナアマンでも、自分を否定する者には、主は近くいまし、その人は救われるのである。これが福音である。

この福音のゆえに、自分たちの村に救い主がお生まれになったというのに、自分の親族や友人に救い主を持ちながら、ナザレの人たちはそのかたを追い出し、殺そうとした。なんとした愚かなことだろう。しかし、この愚行は今日もなお続いているのではないか。

「しかしイエスは、彼らの真中を通り抜けて、行ってしまわれた」（ルカ四・三〇）

主イエスにとって、あの小高い丘は、どんなに愛すべき里であったろう。父と共に建てたあの家、この家。共に会堂に集まったあの友、この友。愛する母が住み、いとしい弟妹たちが生きている忘れがたい家《うち》。しかし、主はそこを出て行かれたのである。
そして、ルカの福音書によれば、主は再びこの町に帰られることがなかった。
今日、ガリラヤのナザレに訪ねる者は、必ず「告知教会」を見学する。それは、貧しいナザレの町のたたずまいとはまるで別世界のような、美しく大きい建物である。今日、われわれが訪れる教会は、一九六九年に完成したものだとのことである。すべて大理石でできており、全世界のローマ・カトリック教徒の献金によって建てられたものだそうである。

内部に入ると、マリヤが告知を受けたといわれる場所がある。中央祭壇のわきに、薄暗い石段があり、そこから地下洞穴に降りた所である。幾本ものローソクの火がともされ、その臭いに息苦しさをさえ感ずる。

ここに立った時、私は仰々《ぎょうぎょう》しく飾り立てられておればおるほど、なにかむなしいものを感じさせられ、主イエス不在の感を強くした。もはや、ナザレは、主イエスが去って行ってしまわれた町でしかない。

わたしたちは、たとえ異邦人であり、神とは何の縁もない者であったとしても、近寄って来てくださった主を、きのうも、きょうもお迎えするクリスチャンでありたいものである。

九　病を負いたもう主

ナザレの会堂を追われた主イエスは、その後あまり会堂にお入りにならなかったようである。彼の教場は海辺《うみべ》であり、花咲き、鳥うたう野原であり、人の行き交うちまたであった。

当時の会堂はすべての町や村にあったようである。ユダヤ人が一〇家族いる所では、どこにでも会堂をつくらねばならないという律法があったとのことである。エルサレムの神殿が、神への祭儀を中心とするものであるとすれば、会堂は宗教教育の場であった。そこでは、聖書が朗読され、説教がなされた。またそこではだれでも自由に自分に示されたメッセージを語ることがゆるされていた。

主イエスは当初、この会堂を宣教の拠点としておられたようであるが、このような比較的自由な場所、しかも聖書を中心とした教育の場である会堂を、ご自分の宣教に最もふさわしい所と思われたのは当然であろう。しかし、そこを追われた主は、山野をその宣教の場としなければならなかった。

わたしはカペナウムに行った際、テベリヤの町から舟に乗って、ガリラヤ湖を渡り、ユーカリの木立の美しいカペナウムの港に上陸した。少し進むと、そこにカペナウムの会堂跡があった。

この会堂は、二世紀後半、または三世紀のものだそうであり、これはおそらく百卒長が寄進したという会堂の場所に建てられたものであったという。敷地内に立つコリント式の柱を仰ぎ見る時、「この天地は滅びます。しかし、わたしのことばは決して滅びることがありません」（マルコ一三・三一）の主イエスのおことばを思い出した。

この会堂から海辺までは、百メートル足らずである。マルコの福音書二章一三節に「イエスはまた湖のほとりに出て行かれた。すると群衆がみな、みもとにやって来たので、彼らに教えられた」と記されている。この「来た」とか「教えられた」という動詞は、どちらも未完了過去形であり、習慣的行為をあらわすものである。

すなわち、主イエスは、たまたま海辺に出て行かれ、そこにいた人々に教えられたのではなく、海辺に出て行かれて、集まって来る人々に教えられることを常とされたのである。わずか百メートル足らずの所にある会堂を通り過ぎて、なぜ主イエスは海辺に出て行かれて、民衆に教えられたのであろうか。そこに会堂から追い出された主イエスの寂しいお姿を見る思いがある。しかし、それ以上に、どこまでも生命的なもの、天的なものを尊ばれるきびしい主イエスの姿勢をうかがうことができるのではなかろうか。

使徒パウロは「いま私は人に取り入ろうとしているのでしょうか。いや。神に、でしょう。あるいはまた、人の歓心を買おうと努めているのでしょうか。もし私がいまなお人の歓心を買おうとするようなら、私はキリストのしもべとは言えません」（ガラテヤ一・一〇）と語っている。

この内なる戦いこそ、宗教者がすべての日々戦わねばならぬものではなかろうか。

「すべてを神の手にゆだねて、純粋に福音を語るとき、それに対して反発し、抵抗する分子が、必ず現われるのである。そういう抵抗が起こるであろうことを予測しつつ、牧師はいかにして、神の言葉そのものを教えて語りうるであろうか？　彼はむしろ、当たり障《さわ》りのない言葉でお茶をにごし、教会の内部に分裂や争いが生ずることのないように、消極的安全策に逃避しようとする誘惑を、強く感ずるのではあるまいか？　そしてここから、内村が激しく批判せざるをえなかったような事態が、ある程度まで必然的に、生じたのではないかと思われる」（高橋三郎著『無教会精神の探究』）。

これは、高橋三郎氏の教会制度に対する危惧の一つである。わたしは神学校を卒業する前に、ひとりの先輩伝道者から次のようなことばを聞いたことがある。

「教会でキリストを語れば、必ず信徒の反発を受ける。教会にキリストを迎える時、必ず分裂が生ずる。それにいかに耐えられるかが私たちの最大の課題である」といった意味のことを語ってくれたことがあった。

たしかに、このことばは一見矛盾しているようであるが事実であり、ここに教会の弱さが露出していることがしばしばある。

ガリラヤ湖上、「おいでなさい」との主の招きのことばを聞いたペテロは、水の上を歩いてイエスのところへ行くことができた。しかし、ひとたび彼が目を主から転じて風波に奪われた時、たちまちおぼれかけたあの故事のごとく、われわれはただ主をのみ見つめて行くところに、水の上を歩くことさえ可能な世界に生きることができる。

しかしひとたび、そこから目をそらす時、もとの人間にかえってしまうのである。ゆえに、わたしたちにとって、いつも最大の関心事は神ご自身でなければならない。その時にのみ、この世にあって、この世のものならぬ力によって生きることができるのであり、そこに今日の時代にわたしたちが宗教者として生きている意義があるのである。

世の人たちより少し良心的であり、社会正義に敏感であり、愛に富み、善行に熱心であることも大切である。しかし、それらがわたしたちの目的でなく、それらはわたしたちの結ぶ実である。だいじなことは、キリストにつらなっていることであり、そのいのちに生かされていることである。

みことばの権威

主イエスがカペナウムの町で教えられた時、人々は「そのことばに権威があった」のに驚いたと記されている（ルカ四・三二）。それは「律法学者たちのようにではなく、権威ある者のように教えられた」とも記されている（マルコ一・二二）。

律法学者とは、今日で言えば聖書学者のことである。いったいカペナウムの人たちが驚いた、主イエスの権威ある教えとはどのような教えであったのだろうか。このことを考えるために、もう一度、前掲の高橋三郎氏の『無教会精神の探究』の一節を紹介してみたい。

「神学の持つ危険の第一は、神のこと、救いのことが、その聖なる意味を失って、単なる概念と化すこと、すなわち、生ける神の前に、全人格的真実と畏《おそ》れをもって立たねばならぬ信仰の問題が、いとも軽々しく口にされ、しかもその内容が知的認識のこととすりかえられるという事態である。その結果、人は研究によって信仰に入りうるものと誤解し、あるいは共同の聖書研究会において、信仰の人よりも学問のある人が指導的立場に立つ、という憂慮すべき事態を惹《ひ》き起こす。この危険は、さらに教会制度と結びつくとき、その極点に達する。牧師とはかかる学問のある人の謂《いい》であり、彼は聖書に関する学問において、平信徒の追随を許さないという点に、教会指導の権威を握る。平信徒は信仰のことは学問がなければ分からない。あるいは聖書研究はとうてい自分の力に余ることであると考え、聖書を牧師の手にあけ渡し、自分はその説教を聞くことにのみ満足しようとする。しかも、説教はしばしば浅薄な教理問答式の型にはまった理屈か、そうでなければ人間的知恵と思想の羅列に堕する危険にさらされ、信者はそういう薄められた乳をもってのみ育てられる。そこに真に新しい生命の息吹が消え去るのは、当然の結果と言うべきであろう。これが教会の根底をむしばむ問題であり、ドイツにおいて、私が今まで二年足らずの間見聞して来た限りにおいて、受けた印象を語ることを許されるならば、人間的にみて絶望的と言ってよいほどの事態である」（六八・六九ページ）。

この一文は、わたしたちに「権威ある教え」とはいかなるものであるかを暗示しているように私には思われる。

律法学者には、たしかに聖書学に対する学的権威があったにちがいない。三十歳の若輩、片田舎のナザレ人イエスなどのはるかに及ばない、深い、高いものがあったにちがいない。何百年、いな何千年と受け継がれ、洗練された儀式には、人々をして怖《おそ》れさせるようなおごそかさを備え持っていたことであろう。しかし、それらはどこまでも人間の世界においてあがめられるものであり、それらには悪霊を追い出す力はなかった。

「肉によって生まれた者は肉です。御霊によって生まれた者は霊です」（ヨハネ三・六）。汚れた霊といえども霊は霊である。肉は霊に対してなんの役にも立たない。霊は霊をもってのみ制することができるのである。そして、この「悪霊を追い出す権威」こそ、上より授けられるものであり、主によってあずかることのできるものである。

そして、今日のわれわれに欠けている最大のものは、この「権威」ではなかろうか。なぜならば、われわれの戦いは、「血肉に対するものではなく、主権、力、この暗やみの世界の支配者たち、また、天にいるもろもろの悪霊に対するもの」だからである（エペソ六・一二）。

病を背負った

ルカの福音書は、主イエスのシモン家訪問が、シモンの召命以前になされたことになっている。現在カペナウムの会堂の前に、シモンの生家と言われる家が発掘されている。せせこましい漁師町のことである。どちらが先であったか、福音書が記されるころには定かでなかったことは容易にうなずける事柄である。

だが、はたしてそうした意図があったかいなかはわからないが、主イエスの訪問を受けた記事と、ルカ五章の一、二節の、「群衆がイエスに押し迫るようにして神のことばを聞いたとき、イエスはゲネサレ湖の岸べに立っておられたが、岸べに小舟が二そうあるのをご覧になった。漁師たちは、その舟から降りて網を洗っていた」との記事を合わせ読む時、シモンたちのかたくなな性格が如実《にょじつ》に示されているように思う。

すなわち、シモンはすでに主イエスによって自分の姑の熱病がいやされたのを知っていた。それだのに、彼は素直に主のもとにひれ伏そうとせず、かえって、みんなが喜んで主のもとに集まっていた時、ことさらに主に背を向けて話を聞こうとしなかった。ふつうの人間であれば、たぶんいちばん先に主のもとにひれ伏したであろう。しかし彼は、故意に反逆していたのである。主はそのシモンをどこまでも追い、そしてついに、あの大使徒と育てあげてくださったのである。主の愛のなんと大いなることよ。われらの罪のいかに深きことよ。

日が暮れると、いろいろな病気に悩む者をかかえている人々が、みなそれをイエスのところに連れて来た。主はそのひとりひとりに手を置いて、おいやしになった。主イエスのもとに連れて来られた者の中には、ずいぶんとひどい病気の者もいただろう。家の者も本人も絶望してしまっているような重病人もいたであろう。乞食をしているような、なんの生きがいもないような人もいたことであろう。そのひとりひとりに手を置いて、主イエスはいやされたのである。

「手を置く」とは、その人と一体になることであり、その人の重荷を引き受けることである。

だからマタイは、

「これは、預言者イザヤを通して言われた事が成就するためであった。『彼が私たちのわずらいを身に引き受け、私たちの病を背負った』」(マタイ八・一七)と注釈している。

わたしたちの間にも、信仰のいやしについてずいぶん大胆な信仰をもって生きている人がいる。あらゆる医薬を拒否して、ただ主のいやしを信じて生きている人がある。これらの人の中には、人知ではとうてい理解できないような不思議な体験を持っている人たちもいる。小児麻痺で歩けなかった人が歩くことができるようになったとか、ガンが直ったとか、今日の医学ではなすすべもないような重症患者が、その病から信仰によっていやされたという事実は、私たちを驚かせる。しかし、病がいえるのは、それがなくなるのではなくて、主がそれを引き受けられるのであるという、この事実を見落とすならば、それはキリスト教信仰ではない。

ある時、ひとりの病人が私に向かって、

「先生、わたしの病気が直していただけるように祈ってください」と訴えてきた。その時、私は、

「病気が直ってあなたはどうするつもりですか」と聞いたところ、彼はけげんな顔をして、その返答につまっていた。

もし、わたしたちのいやしの信仰が、単に苦しみからの解放のみからであるとするならば、それは神に対するエゴイズムの押しつけ以外の何ものでもない。主にこれ以上ご迷惑をかけてまで、自分の病がいやされねばならないのだろうか。いやしを主に祈る前に、私たちは自分の生き方を真剣に考えてみる必要があるのではなかろうか。

「たとえば、いま、あなたが乗っている船が暴風雨で沈みそうになっているとしよう。そのとき『ああ、神さま、どうぞ沈まないように、お助け下さい』というのは、祈りでもなんでもない。たんなる悲鳴にすぎない」（飯沼二郎著『イエスの言葉による行動のための手引き』）。

自分が生きること、自分の病がいえることがはたして神のみ旨かどうかをわきまえないで、ただ苦しいから、生きのびたいからというだけで祈り求めることは、けっして主の求めたもうところではない。人々は主のいやしを見聞きし、遠くから、近くから押し寄せてきた。そして、主イエスのお姿が見つからないので捜し回った。血走った目で主を捜し回る群衆、静かに目を閉じて、天の父と交わる主イエス、まことにその姿は対照的である。自分の求めを強要する者と神の求めを静かに聞く主。いつの時代にも、人々の求めは主のみこころに反し、そのみ旨を痛める。

「ほかの町々にも、どうしても神の国の福音を宣べ伝えなければなりません。わたしは、そのために遣わされたのですから」（ルカ四・四三）。

主イエスは、取りすがる群衆をあとに残して、その地を去って行かれた。

兄弟姉妹よ。この罪人が、主の十字架によって罪赦され、主の復活によって永遠の生命にあずかるものとされたというこの福音の一事を、わたしたちの喜びとしようではないか。この一事こそ、夜明けのあの朝日のごとく、わたしたちのうちに支配していた、あらゆる暗黒を追放する光なのである。

この光なしに、あなたの病がいやされても、あなたの問題が解決しても、それはあなたの真の喜びとはならない。光は暗きに照る。この一事に目を注ぎ、感謝と賛美をもって、光の子として歩んで行こう。

一〇　ガリラヤ湖畔の召命

「邂逅《かいこう》」ということばがある。「広辞苑」をひくと、「思いがけなく出あうこと。めぐりあうこと。たまさかに遇うこと」と説明されていた。

ガリラヤの漁夫シモンたちが、主イエスに出会ったのは、まさに「邂逅」の一事に尽きる出来事であった。ドイツのある新約学者は、その著「ナザレのイエス」で、次のようなことを記している。

「弟子となったり、弟子であることは、もっぱらイエスの自由な決断に基づくものであって、個々人の、特にイエスにとらえられた人たちの思い思いの決心によらないことを、福音書はあらゆる面から明らかにしている。そのことを、すべての召命の出来事が物語っている」

ふつう、だれかの弟子となる場合は、たとえば中江藤樹をたずねた熊沢蕃山のように、弟子たらんと願う者の熱心な願い出によるものである。

しかし、主イエスの弟子の場合は、そういう一般的な場合とは全く異なっていた。師である主イエスのほうから近づき、声をかけられることによったのであった。その意味でイエスとの出会いは常に邂逅の形をとる。

沖へこぎだせ！

シモンは、ガリラヤ湖で魚をとって生活していた。彼はけっして趣味や道楽で魚をとっていた男ではない。彼はそれで生活をしていたのである。

「今日もだめであった」

などと、からっぽのびくをさげて自嘲しながら家に帰るようなことのできない、正真正銘の漁師であった。彼の腕には年老いた母や、生活にやつれた妻が寄りかかっていた。おそらく一網《ひとあみ》打つごとに、彼のまぶたにはこれらの家族の不安そうな顔が映っていたことであろう。

「なにがなんでも、とって帰らねばならん」

ある日、彼はそうつぶやきながら、櫓《ろ》を持つ弟のアンデレと共に、あちらにこちらにと舟を進めては網を打っていた。ところが、この日、彼の夜どおしの働きにもかかわらず、魚は一匹もとれなかった。多くの朋輩が威勢よく岸に帰って行ったあとも、彼は弟を督励して、なんとか一匹でもと網を打ち続けた。しかし、引き上げる網には、彼の期待に反して、木の枝や水草がひっかかっているだけであった。

しまいには、彼は祈ったかもしれない。天地の造り主、全能の父なる神に。しかし、神はせっぱつまった彼の祈りにさえ答えてくださらなかった。ガリラヤの湖は朝日に照らされて、だれもがその美しさに感嘆せずにはおられないような、すがすがしい光景であった。しかし、この日のシモンにとっては、その夜明けは残酷な判決のくだった日のような、暗い、悲しい時であった。

日が昇れば漁はできない。しかたなく彼は、「もう帰ろうか」と、ひとりごとのように弟に語りかけ、ふたりは岸に帰っていった。

ふたりとも黙りこくっていた。話す元気もなかったのである。なにもかもがいやになるような気持ちであった。相手の気持ちがよくわかるだけに、語りかけることばもなかった。

「もう漁師などごめんだ！」

と叫びたかったにちがいない。

だが、小さい時からガリラヤで育った彼らにとって、このほかに仕事はなかった。彼らは岸に着くと、泥にまみれた網を洗った。今夜の出稼《でかせ》ぎのためである。ところが網を洗っている彼らの背後が急に騒がしくなった。大勢の人たちがやって来るようであった。はやばやと漁を終えて、ゆっくりと朝めしを食べ、ひと眠りした朋輩たちの声も彼らの耳に聞こえてきた。

「おい、シモン、精が出るのう。いままでとっていたのかい。さぞたくさんとれたことだろう。なぜ大漁旗をたてんのかねえ」

明らかに嘲笑の声である。とんで行ってなぐりつけてやりたいような気にもなったことだろう。でも結局は一匹もとることのできない自分たちが悪いのである。自己嫌悪、だれにもぶっつけられないくやしさ、歯をくいしばっても、ひとりでに涙がほおを流れる。黒いこぶしで涙をぬぐいながら、あわれな漁師たちは網を洗い続けていた。

彼らは、自分たちのうしろで何が起こっているかよく知っていた。それは人々から「あるいはメシヤ（救世主）ではないか」との期待を一身に集めているナザレのイエスさまのお話が始まろうとしているのである。町中の人々は、彼の話を聞こうとしてやって来た。シモンたちもきっと聞きたかったにちがいない。

しかし、人間はあまりにもみじめになると、神様のことばを聞くことさえうとましくなるものである。魚一匹とることのできない自分を思う時、どんなりっぱなお話も、どんなすばらしい奇跡も、すべてが他人事になり、別世界の出来事のようにしか思われなかったのかもしれない。「やみ」とは、すべてをその中に包み込んでしまう力である。

彼らはただ黙って網を洗い続けていた。

すると、だれかが彼らに近づいて来る足音がした。でもおれたちだけは別者だと思っていたシモンたちは、うしろをふりむこうともしなかった。

「わたしをあなたがたの舟に乗せてくれませんか」

意外にも、彼はシモンたちに語りかけてきた。以前母の病気をいやしていただいたかたである。その時も十分なお礼もしていない。むしろ、失礼な態度をとってしまった。そうした恩義と自責の念がシモンの心に浮かんできた。彼は疲れていた。おなかもすいている。今夜の働きのために早く帰ってひと眠りしたかった。だが一面、律儀な彼は、この申し出をことわることができなかった。

すると、イエスさまは、彼の舟に乗り込み、少しこぎ出してもらい、そこから集まった人たちに向かって、神の国のお話をされた。首をこくりこくりとふりながらうなずく人。その話に感嘆する人。喜びを隠しきれず、そわそわする人。みんなイエスさまの話を満足げに聞き入っていた。彼らは生きることに何の心配もない。彼らはそうした恵まれた自分たちの生活を、より高尚に、より気高くするために、イエスさまのお話を聞きに寄り集まって来たのである。だから、話がすむと、彼らは喜び、感謝して、帰って行った。

「ああ、今日もいいお話を聞いたね」

と、彼らは互いに言い合いながら帰って行った。また明日も聞きに来ようと語り合って別れて行った。

浜辺には、シモンとアンデレ、そしてもう一組のヨハネとヤコブの舟が残っているだけであった。彼らはまだ帰ることができなかったのである。その時、イエスさまはシモンに向かって言われた。それはだれかに命令するような響きをもっていた。

「沖へこぎだし、網をおろして漁をしてみなさい」

意外なことばであった。

「先生、わたしたちは夜どおし働きましたが、何もとれませんでした」

シモンは反発した。イエスさまのおことばがあまりにも現実を無視しているように思えたからである。夜が明けてしまったいまは、漁のできる時ではない。また、現に私たちはいまのいままでこぎ回ったが、一匹もとれなかったのである。こういう現実をふまえてのシモンの反発である。

しかしまた、このことばは、自分たちの無能を楯にした反問のことばともとれる。「わたしは夜どおし働いても、魚一匹とることのできない愚鈍な漁師でございます。いくらあなたのおことばでも、だめです」。

わたしたちは神が全知全能であることを信じながら、しばしば絶望する。「もうだめだ」ということばをすぐ口にする。絶望すること、あきらめること、これらは全知全能の神に対する最大の侮辱であり、最高の罪である。

しかし、シモンはそれで終わらなかった。「しかし、おことばですから網をおろしてみましょう」と答えた。「網をおろして漁をしてみなさい」と言われたイエスさまに対して、シモンは「網をおろしてみましょう」とだけ言っているのは、まことにこの時のシモンの心をえがいて妙、感嘆せずにはおれない。シモンはとても「漁をしてみましょう」とは言えなかったのである。その自信も確信もなかったのである。

そして、彼が主のおことばに従った時、事が起こったのである。それは「網が破れそうに」なるまでの事であった。彼はその時「主よ、私のような者から離れてください。私は、罪深い人間ですから」と叫んだと記されている。

神がわからん、罪がわからんと言う人が多い。しかし、神さまの力や罪の恐ろしさは、みことばに従うことによってはじめてわかるものであって、書物を読んだり、瞑想してわかるものではない。

人間をとる漁師に

自分はだめだ、もう望みがないとつぶやいていた自分の罪の恐ろしさに恐れおののくシモンに向かって主は言われた。「こわがらなくてもよい。これから後、あなたは人間をとるようになるのです」（ルカ五・一〇）。

主からの任命である。漁をしてみましょう、と言えなかったシモンに向かって、自分の無能を恐れることはいらない。ただあなたがわたしのことばに従って網をおろしたように、あなたはわたしのことばに従って来さえすればよいのだ。その時、あなたは人をすなどることさえできるのだ。このことばを聞いたシモンは「舟を陸に着けると、何もかも捨てて、イエスに従った」（同一一節）。

このシモンの徹底した主イエスへの服従をうらやむ人が多い。自分にはとてもそんなことはできない、とつぶやく人がいる。しかし、シモンが一切を捨ててイエスに従ったのは、単なる冒険ではない。むしろ、彼にとってそれらが必要でなくなったのである。

いらなくなったものを捨てることはだれにでもできることである。要は、私たちにとって、この世のものがいらなくなるほど、主イエスが大きな存在となることである。この勝利なしに主に従うことは自虐趣味である。それはもう福音信仰ではない。

カペナウムから、山上の垂訓がなされたと言われる丘に行く途中に、シモンにちなむ小さな教会がある。たしか「ペテロ、すなどりの教会」と呼ばれる教会であったと記憶している。ペテロが召されたという浜辺に建っている教会である。石のごろごろしたなぎさに、わたしはしばらくたたずんで、かつて主に邂逅したシモンたちのことを思いめぐらしていたら、澄みきった水の中を小さな魚が泳いでいるのが見えた。

「なんだ、魚がいるやないか。ペテロはよほどへたくそな漁師やったんやなあ」と、ひとりごとを言ったら、それが聞こえたのか、そばにいた人たちがくすっと笑った。ペテロとは「へたくそな漁師や」とは、ここに来るまで気がつかなかった。

聖地旅行では、聖書や書物を読んでいるだけでは気のつかないことに気づかされることが多い。無能のシモンがだれよりも大きな働き手となる。聖書にはこの喜びに生かされた人たちのことが次々と出てくる。彼らは主イエスに出会うことによって、やみから光に、絶望から希望に、宿命から摂理に移されたのである。

椎名麟三の作品に『邂逅』という小説がある。彼はその中で次のようなことを語っている。

「人間の生き方は、その人間が何に出会い、何に対してたたかって来たかによって、決定されると思う。そして僕の場合、その敵は、人間の内部にかくされているニヒリズムであった。それは、個人と社会、愛と自由、孤独と連帯、意識と行動などのさまざまな分裂をもって僕たちを苦しめているものなのである。僕は、僕自身のために、そして僕の時代に対する責任としてそれを引き受けようとした。この『邂逅』は、過去のそのニヒリズムに対する僕のたたかいの記録であるとともに、その分裂から自分を回復し得た自由の喜びの告白でもある。その回復は、その表現の仕方においても実証されなければならなかった。それが判《わか》っていただけたら幸いである」。

そして、彼はまた、

「どうしても『出会い』という言葉が必要であるならば、キリスト者は、イエスの言葉へ自分を賭けることによって、自分自身の新しい現実の意味と出会うのだ、といえるにすぎない。この現実は、賭けることによってしか出会うことはできないのだ」

と語っている。彼はキリストとの「邂逅」によって、はじめてわたしたちは真の人生を回復することができると証ししているようである。

平凡ななぎさ、どこにでも見かけるみぎわ。そこに今日も世界の人々が群れ集まっていることであろう。彼らは多くの時間と財をささげて集まってくる。彼らはいったい何を求めて集まっているのだろうか。それはあの美しいガリラヤの水ではない。緑したたるカペナウムの風景でもない。かつてそこを歩まれた主イエスである。

たたずむ人を立ち上がらせ、悲しむ者に慰めを与えたあの主イエスである。そのかたが、今日もわたしどもに近づき、わたしのような者に「邂逅」してくださることを願っておられる。なんという喜びのおとずれであろう。

望みが絶えたかのごとく思いたたずむ友よ、目を上げて見よ。あなたのかたえに主が立っておられる。ガリラヤの故事は一回限りの出来事ではない。それがいま、あなたにまで近づいているのである。そこに今日、わたしたちが聖書を読むゆえんがある。

一一　暗い人生にたたずむ人々に

「ルカの福音書」によると、シモン・ペテロの召命記事に続いて、二つの奇跡と取税人レビの召命が記されている。

これら四つの記事は、それぞれ独立した物語であるが、わたしは、そこに一つのメッセージが語られているように思う。すなわち、シモンの召命では、無能の漁夫シモンを「人をとる漁師」にされた主イエス、らい病人のいやしでは、不浄ならい病人をきよめたもう主イエス、そして、次の物語では、中風の者を起き上がらせる主イエス、そして最後のレビの召命では、当時人々からさげすまれ、暗い人生にたたずむ取税人を、喜びの世界に立ち上がらせた主イエス。

ルカは、これらの記事をとおして、主イエスが、かつてナザレの会堂で語った、

わたしの上に主の御霊がおられる。
主が、貧しい人々に福音を伝えるようにと、
わたしに油を注がれたのだから。
主はわたしを遣わされた。
捕われ人には赦免を、

盲人には目の開かれることを告げるために。
しいたげられている人々を自由にし、
主の恵みの年を告げ知らせるために。（ルカ四・一八、一九）

とは、イザヤの預言の成就者であることを強調しようとしているのである。

自らの汚れに気づいてこそ

ある時、わたしはらい療養所を訪ねたことがある。集会が終わり、座談会になって、一人の療養者からこんな質問を受けた。彼は求道者であった。あとで聞いた話であるが、彼はいつも伝道集会に来て、講師に同じ質問をしていたそうだ。「先生、聖書を読むと、われわれらい者の場合だけ『きよめ』ということばが使われているのはどうしてですか。なぜらい病人のときにも『いやし』ということばが使われないのですか。神さまも、われわれらい病人だけが『汚れた者』と思っておられるのでしょうか。それではこの世の人たちと同じじゃないですか。それではわれわれには望みがありません」

鋭い質問である。わたしはこの質問に答えることができなかった。そして自分のどこかに、この人が指摘しているような非情な思いが潜んでいるのではないかと、きびしく反省させられた。たしかにイエスさまも「そうしてあげよう、きよくなれ」と言われた、と記されている。これはいったいどういうことだろうか、とわたしははじめてこのおことばに疑問を感じた。

いっぽう、来る講師、来る講師に、執拗にこの一事の質問をくり返す彼の心中を思うとき、わたしの心は張り裂けるほど痛かった。しかし、彼の質問に対して、なに一つ答えることのできない自分のみじめさも、また悲しかった。わたしはその時、「すみません」と、小さな声で彼に謝った。回りの人々にこのことばが理解できなかったのか、みんなこのことばにどっと笑った。日ごろ冗談の多いわたしは、これに対してどうしようもなかった。

それから数年を経た先日、わたしは再び彼がいたらい園の教会を訪ねた。突然の訪問であったのに、園内放送によって、二十名ばかりの兄弟姉妹が集まってくださり、短い集会をした。集会が終わって、以前と同じようにして、しばらく交わりの時のこと、一人の兄弟が突然わたしに向かって、

「先生、わたしをおぼえておられますか」と言った。わたしは彼のことばにハッとして、じっとしばらくの間、彼の顔をみつめた。しかし、悲しいかな、どうしても思いだせない。

「えーと、どなたでしたかな」

と言うわたしのことばもまどろこしそうに彼は言った。

「先生、あなたが前に伝道集会に来られた時、難問をぶっつけた男ですよ。おぼえているでしょう。先生はどこかの集会でわたしのことを話しておられたじゃありませんか。テープで聞きましたよ。あの時の男ですよ。わたしはあれからしばらくして、洗礼を受けて教会員にしていただきました」

なんということでしょう。いまではだれよりも熱心な信徒として教会に仕えているとのことであった。わたしはうれしくて、うれしくて、心の中で、イエスさまありがとうございました、と叫ばずにはおれなかった。

新教出版社から出ている、ＭＯＬ証詞集２『終末を告げる群れ』の中に、宇佐美伸という人が、「神は苦しむ者をその苦しみによって救い、彼らの耳を逆境によって開かれる」という「ヨブ記」のことばから、「神は苦しむ者（癩を患って）をその苦しみ（天刑病）によって救い（天恵病）云々」と証ししておられる。

さきほどの兄弟が、どのような道程を経て信仰に入られたか、わたしはあえて聞かなかった。神のみわざだと思う時、そのようなことを聞くことは不敬虔であり、また不必要でさえあると思われたからである。しかし、らいを患う者が、自分たちだけを汚れた者呼ばわりされると言って、世間を非難している間は、おそらくなんの光も見いだすことができないであろう。

らいを患ったがゆえに、自らの「汚れ」にうずくことができることに気づいた時、はじめて天刑病が天恵病となるのではなかろうか。なぜならば、その時耳は開かれ、目が開かれて、救い主イエスを「見る」ことができるからである。

中風の者のいやしにしても同様である。四人の人に運ばれて来、他人の家の屋根をはぎ、穴をあけてまで、主イエスのところに連れて来られたこの人は、中風を患いながら、多くの人に愛されていた人にちがいない。きらわれていてはだれもこんなにまではしてくれない。そういう彼に向かって、主イエスは「人よ、あなたの罪は赦された」と言われた。人気絶頂のイエスさまといえども、このことばはあまりにも人を無視した残酷なことばのように思われる。

わたしは、輸血が原因で、ビールス（ウィルス）による肝炎を患って久しい。肝機能検査を受けるたびに、医者はその指数に驚き、入院をすすめる。かくして、わたしはたびたび入院生活を余儀なくされた。ある時、幾度も入院しても治らないわたしの枕元に、一人の老婆が訪れてきて、こんなことを言った。

「先生、いっこうに治りませんね。ガンを患っている人でも信仰によっていやされるそうですよ。先生、あなた、なにか神さまに悪いことをしているんとちがいますか。罪を犯しているなら早く悔い改めて、イエスさまに治していただかれたらよいと思いますよ」

わたしはこのことばを聞いたとたん、血が逆流しているのではないかと思うほど腹が立ち、

「おばあさん、わたしはたとえ罪を犯していても、イエスさまの十字架によって赦されているのです。病気は罪の結果ではありません。罪があってもなくても、人は病気をするんです。罪のない人が病気をしないのであれば、いまごろ二千歳、三千歳の老人もいることになるではありませんか」

と、どなってしまった。おばあさんは、すみませんと言って、そそくさと帰って行った。病室にぽつんと一人残ったわたしは、いまさらのごとく、自分のごうまんさを思い知らされ、死にたくなるほど悲しかったことをおぼえている。

わたしたちは「人間みな罪人である」ということは否定しない。そして「あなたも人間である」ということについても異論はない。しかし、「だからあなたは罪人である」と言われると憤然とする。

だが、自分の罪に泣く者でなければ、罪の赦しを喜ぶことはできない。神の子の十字架の贖いを説かれ、カルバリの十字架わがためなりと、声高らかに賛美しながら、いっこうと心が躍らないのは、自分の罪に泣いていないからである。罪は泣かないから存在しないのではない。忘れているから消えたのでもない。わたしたちはみな罪人なのである。罪は赦されることなしに断ち切ることはできない。

ヨブが、その病はあなたの罪の結果であると言われた時、そのことに苦しみもだえたように、ここの中風を患う者も、病そのものよりも、罪の結果であると言う人々の口や目に苦しんだことであろう。しかし、彼はこの病を患うことによって罪に泣いたのであった。そして罪に泣く者のみが罪の赦しに歓喜することができたのである。

取税人レビの場合もまた同様である。「マルコの福音書」によると、カペナウムの人たちが全部、口語訳聖書では「多くの人々」となっているが、原意はむしろ全部、イエスのもとに来ていたのに、取税人レビ一人が収税所に座っていたという書き出しは、彼がいかにその当時の社会から疎外されていたかを物語っている。おそらく、彼は取税人の子として、父祖の職業を継いでいたのであろう。小さい時から取税人の子として除《の》け者にされ、いつも一人ぼっちであった彼は、救い主が来た！　という喜ばしい知らせを聞きながらも、そこに行くことができなかった。所在なくたたずむレビの心は、もはやなにものにもたよれない悲しみに満ちていたことであろう。

そのような彼に、主は目を注ぎ、「わたしに従って来なさい」と声をかけられたのである。救いのない者に救いがきたのである。福音とはまさにこの事実である。

絶望と悲惨の極

カペナウムから少し行った所のなだらかな丘。小石を積み上げた境界線によって仕切られた畑には、いろんな野菜が植えられ、貧しい身なりの農家の人たちがせっせと手入れをしていた。ところどころに、ナツメヤシやユーカリの木が青々と茂っていた。小さな赤い草花が、かれんに咲いていた。至る所に大きな岩が露出していた。

ここが、主イエスが多くの群衆を前にしてお話をされた、山上の垂訓のなされた場所だと伝えられている。頂上には、フランシスコ派によって建てられたと言われる美しい会堂がそびえている。

わたしたちが、この地を訪ねたのはちょうど日曜日の朝であった。あちらこちらの木立ちの下で、小さなグループが礼拝を守っていた。わたしたちも旅行最初の礼拝をここで守った。「主よいのちのことばを与えたまえ、わが身に」（『讃美歌』一八八）と歌い始めたら、向こうの方の群れからも偶然同じ賛美歌が聞こえてきた。主は一つ。あの時ほど強くこのことを感じたことはなかった。

　礼拝を終わって、主が人々に山上の垂訓をなされたという丘を眺めながら、わたしは当時のことをしのんだ。きよめられたらい病人。赦され、いやされた中風の男。主イエスの弟子とされた取税人レビ。それと彼のともがら。こんな人たちが、あの岩に、この岩に、あるいは腰をおろし、あるいはあぐらをかいて、食い入るように、主イエスの、あのすばらしいことばに耳をかたむけたことであろう。

「貧しい者は幸いです。神の国はあなたがたのものですから。いま飢えている者は幸いです。あなたがたは、やがて飽くことができますから。いま泣いている者は幸いです。あなたがたは、いまに笑うようになりますから。人の子のために、人々があなたがたを憎むとき、また、あなたがたを除名し、はずかしめ、あなたがたの名をあしざまにけなすとき、あなたがたは幸いです。その日には、喜びなさい。おどり上がって喜びなさい。天ではあなたがたの報いは大きいからです。彼らの先祖も、預言者たちをそのように扱ったのです」(ルカ六・二〇～二三)。

　主がここで呼びかけている人たち、すなわち、貧しい人、飢えている人、泣いている人、憎まれている人、排斥されている人とは、そこに座っているあの人のことである。この人のことであったのである。わたしはそのことを思い浮かべた時、「あなたがた」ということばの強い響きに圧倒される思いがした。

「時は満ち、神の国は到来した、と宣言されているにもかかわらず、救い主の前まで進み出ることができず、はるかへだたったところから呼ばわるほかない人がいるのです。救い主の前からさえ已れをへだてなければならなかったところに、かれらの悲惨の極があったのです」（渡辺信夫著『マルコ福音書講解説教Ⅰ』）。

自分の無能に泣きながら、網を洗っていたガリラヤの漁夫シモンも、「わたしは汚れた者です」と自ら呼びながら歩かねばならなかったらい病人も、人にかつがれて連れて行かれねばならなかったあの中風の男も、みんなが嬉々《きき》としてイエスさまのもとにかけ寄り、天国の話を聞いているのに、自分一人ぽつねんとして、たたずんでおらねばならなかった取税人レビも、みんな悲惨の極にいた人たちであった。救いから見離された人たちであった。

彼らはさげすまれ、ののしられ、突き離されながら生きていくより仕方のない者であった。彼らは救い主にさえ近づけないような絶望の人であった。でも、主イエスは、その愚鈍な漁夫を「ごらんになり」、汚れたらい病人を「見」られ、絶望の床に横たわる中風の者に罪の赦しを宣言し、差別に悲しむ取税人を見て、「わたしに従って来なさい」と言われたのである。

まさに、主イエスにおいて、どのような人にも「時は満ち、神の国は近づいた」のである。そのゆえに、彼らは新しい人生を生き始めたのである。あの山上の垂訓のパラドックスは、この主イエスの到来を抜きにして理解できない。山上の垂訓は、まさに主イエスの山上の垂訓である。

水野源三という人がいる。昭和二十一年の夏、小学校の四年生の時、赤痢にかかり、高熱のために脳性小児麻痺となり、いっさいの行動の自由を奪われて三十年、狭い一部屋に閉じこもって、今日まで生きてきた人である。彼は医者からも見離され、どんな薬も効なく、ただ家人の世話になりながら生きていかねばならぬのである。

しかし、こんな彼のところにも福音が伝えられる時が来、彼は一心に聖書を読み、ラジオ放送を聞き、信仰の導きを求めた。そして、ついに信仰が与えられ、その喜びを母の助けを得て、詩に託して人々に伝えた。それらがまとめられて、昨年の三月『わが恵み汝に足れり』という題で出版された。

無名の詩人の本は売れない、との定評があるそうであるが、彼のこの書物は、一年を過ぎて六版を重ねている。最近は、それがクリスチャンの作曲家によって作曲され、クリスチャンの声楽家にうたわれて、ＬＰレコードになり、より多くの人々に聞かれるようになった。

この詩集の中に、「十字架の愛」という詩がある。

主イエスが歩まれた道は
昔も今も誰も歩いたことがない
主イエスの歩まれた道は
私をまことの道に導くために
歩まれた十字架の道
主イエスが語られた言葉は
昔も今も誰も語ったことがない

主イエスが語られた言葉は
私を罪の中から救うため
語られた十字架の言葉
主イエスが示された愛は
昔も今も誰も示したことがない
主イエスが示された愛は
私の心に愛をみたすため
示された十字架の愛

主イエス・キリストはきのうもきょうも変わることはない。主イエス・キリストの語られた福音は、あの人にだけではなく、あなたにも語られていることばなのである。

一二　律法の完成者

主イエスが、取税人レビの家で食事を共にされた時、パリサイ人や律法学者は、その行動を誹《ひ》謗《ぼう》した。

彼らにとって、取税人や罪人といっしょに食事をするなどということは考えられないことであった。しかし、このことは、言わば生活習慣上のことであり、「変わった人だ」と片づけることもできないことはない。だが、彼らにとって、主イエスとそのともがらの宗教生活については、どうしてもこれを問題にしないわけにはいかなかった。なぜなら、それは神に対する「不敬」にもなりかねないからである。

わたしが聖地巡礼に行った時、ヘブロンのモスクで、こんな経験をした。ここには「マクペラの洞窟」の上に、アブラハムの聖所というのが建っており、アブラハムとサラ、イサクとリベカ、ヤコブとレアの三組の族長夫婦の幕がある。

薄暗いモスクの中には、あちこちでアラブ人が一心に何かを読んでいた。わたしたちが訪ねて行き、「シャローム」と呼びかけると、深いしわが幾本もある顔をほころばせながら、「シャローム」と答えてくれた。人なつっこい顔である。黒いアラブ人特有の布のような衣をずっぽりと頭からかぶり、彼らは低い声で何かを読んでいた。

「何を読んでいるんだろう。コーランかな？」

わたしはひとりごとを言いながら、にっこりと笑顔で私を迎えてくれた老人の側に行き、その書物をのぞこうとした。そのとたん、彼はそれはそれは大きな声で、悲鳴とも怒号ともつかぬ声を発し、急いでその書物を両手でかかえこみ、さっきとはまるで違って、きびしい目つきでわたしをにらみつけた。

おそらく、聖なるものにわたしが触れることを恐れたのであろう。異邦人であるわたしに触れられることは、死ぬほどの大事件であったかもしれない。わたしは聖地で、こういう経験を幾度もした。そして、そのたびに生きている宗教に触れるような思いがした。彼らは宗教生活については、このように厳格である。

畏れから喜びに

二千年昔、主イエスの時代はもっともっときびしかったことであろう。民数記一五章に、安息日にたきぎを集めた人が、神の命令によって石で打ち殺された、という記事が出ている。これはけっして誇張でも、作り話でもない。このようなきびしさがいまでもパレスチナでは生きているのである。そういう土地であるから、主イエスの新しい宗教生活が問題になったのは当然のことであろう。

彼らは言った。

「ヨハネの弟子たちは、よく断食をしており、祈りもしています。また、パリサイ人の弟子たちも同じなのに、あなたの弟子たちは食べたり飲んだりしています」（ルカ五・三三）。

たしかに、これはただごとではない。当時まじめなユダヤ人は週に二度、月曜日と木曜日に断食をしていたようである。こういうマジメ人間に比べて、主イエスの弟子たちは、飲んだり食べたりしているという。全く不敬虔な話である。パリサイ人たちはそれを指摘してきたのである。

これに対して主イエスは、「花婿がいっしょにいるのに、花婿につき添う友だちに断食させることが、あなたがたにできますか。しかし、やがてその時が来て、花婿が取り去られたら、その日には彼らは断食します」（ルカ五・三四、三五）と答えられた。

聖書には、よく婚礼のたとえが出てくる。婚礼はだれにとっても喜びの時であり、とくに花嫁にとって、花婿の到来にまさる喜びはない。主はこの婚礼をたとえにして、主イエス・キリストの来臨によって、いまの時が「喜び」の時となったことを語られたのである。

Ｅ・Ｆ・スコットの『主の祈り』という本の中に、彼は祈りという行為の起源について、こう言っている。

「最も早い（原始）祈りは、人の生命を取り囲むところの神秘的な力、もし、宥《なだ》め崇《あが》めないと、人を取りひしぎでもしそうな力の前に立った時の畏《おそ》れを表現したものにすぎない」。

彼の言説からすると、宗教の起源もまた、絶対者に対する「畏れ」であるということになる。

確かに、今日においても、多くの宗教は神に対する畏れから生まれていると言えよう。

私事にわたって申し訳ないが、わたしの生まれた家には、たくさんの神棚があった。天照大《あまてらすおお》神《かみ》からはじまって、台所の荒神様に至るまで、数多くの神々に、毎朝ご飯を供えるのがわたしの勤めであった。この神事をすませることなしに、絶対に朝の食事をとることがゆるされなかった。

中学生のころ、朝の六時過ぎの汽車に乗って、学校に通学していたわたしにとって、毎朝の神事はけっしてたやすいことではなかった。時には時間がなくて、神事だけをすませて、すきっ腹で汽車に飛び乗って学校に行ったこともあった。

それほど神事に忠実であったのは、それを怠ると、「罰《ばち》」が当たることを恐れたからであった。少年時代のわたしにとって、神はまさに恐ろしい存在でしかなかった。

そういう生い立ちをしてきたわたしが、教会で「愛」の神、「赦し」の神を知らされた時、全く大きな驚きであり、しばらくは信じられないほどのおとずれであった。おそらく、今日も多くの人は神を恐れ、その「罰」から逃れんとして、ある者はきびしい修行をし、ある者は宥めの供え物をささげて、これが真の信仰であると考えていることであろう。

聖書、とくに新約聖書には、「恐れるな」ということばが十七回も出てくる。たとえば、ベツレヘムの野で羊の群れの番をしていた羊飼いたちは、主イエスのご降誕の知らせを聞いた時、「恐れることはありません。今、私はこの民全体のためのすばらしい喜びを知らせに来たのです」という天使のみ告げを聞いた（ルカ二・一〇）。

また、ガリラヤ湖畔で、自らの罪に恐れおののくシモンは、「こわがらなくてもよい。これから後、あなたは人間をとるようになるのです」と主イエスから言われた（同五・一〇）。

これらのことは、キリスト教は、神に対する「畏れ」からではなく、神に対する「喜び」から、その信仰は出発することを示している。ある神学者は、その著『新しい存在』の中で言っている。

「聖書のメッセージは、新しい現実が現われた、そこではあなたがたは和解されている、ということである。新しい存在に入るために、私たちは何も示す必要はありません。ただ私たちがしなければならないことは、何も示すものはなくても、それによって捕えられうるように、私たち自身を開いているということです」

と言って、主イエス・キリストによってもたらされた新しい現実とはどのようなものであるかを説明している。

もはや、わたしたちは神との和解のために何かをする必要はなくなったのである。まして、自分が神に敵対する者であるという恐れや、畏怖の念を持つ必要はなくなったのである。もし、断食が神の怒りに対する宥めの行為であり、祈りが神に対する義のわざであるとするならば、もはやそのようなものは不必要になったのである。

そのような不完全なものは、主イエス・キリストの到来という完全なものの到来によって、必要がなくなったのである。

「完全なものが現われたら、不完全なものはすたれます。私が子どもであったときは、子どもとして話し、子どもとして考え、子どもとして論じましたが、おとなになったときには、子どものことをやめました」（Ⅰコリント一三・一〇、一一）。

人の子は安息日の主である

主イエスにとって、早晩、律法との関係は明確にされなければならない事柄であった。

主は、律法に対するご自分の立場を、二つのことばでもって述べておられる。一つは、「わたしが来たのは律法や預言者を廃棄するためだと思ってはなりません。廃棄するためにではなく、成就するために来たのです」という宣言（マタイ五・一七）。いま一つは、「……と言われたのを、あなたがたは聞いています。しかし、わたしはあなたがたに言います」との主張（同五・二一、二二）。

このことばは、いわゆる山上の垂訓の中で六回くり返されている。これは旧約に対するご自身の新しい戒めを語られたことのように受けとれ、前の律法の成就としてのご自身の宣言とは相矛盾するように思われる。

これについて、「成就する」というギリシヤ語の原意は、「いっぱいにする、山盛りにする、完成する、また実現する、仕上げる」意である（ダニエル・ロブス著『イエス時代の日常生活Ⅲ』）というところから、主イエスの言わんとされたことは一つであると解することができるのではなかろうか。

しかし、その真意と時のしるしを見抜くことのできなかった当時のユダヤの指導者たちは、主イエスの信仰のあり方を理解できず、ついにそれを、主を十字架につける口実としてしまったのである。

ここでわたしたちは、もう一度原点に立ち返って、自分の信仰を吟味してみる必要があるのではないかと私は思う。

あのパレスチナにおいて見聞きした、彼らの真剣な宗教生活。彼らの信仰は、おそらく神に対する「畏怖」以外の何ものでもなかったろう。主イエスが来てくださり、ご自分の身を十字架にかけ、すべての人の罪の贖いとなってくださったというのに、いまなお神に対して「畏れ」の念を持って生きていることは、まことにあわれである。しかし、はたしてわたしたちは、彼らの信仰をあわれむほどに喜びに生かされているだろうか。

わたしは昨年、在日韓国人の教会に招かれて、礼拝のご用に当たったことがある。その日は感謝祭の特別礼拝であり、韓国の人たちは、この日の礼拝を特別礼拝として守るそうである。その日は約二百名の会衆であった。礼拝が終わってしばらくした時、教会の会計役員がわたしのところに来て、

「先生、今年はおかげでたいへん恵まれ、礼拝献金が私たちが願っていた以上のものがささげられました」

と、お礼をかねて報告してくれた。「いったい、どれほどささげられたのですか」とうかがうと、

「まだはっきりはわかりませんが、三百万円をオーバーするでしょう」と彼は答えた。一回の献金、それがたとえ特別礼拝とはいえ、三百万円を越えると聞いて、わたしは驚いた。

しかし、考えて見るとき、主イエスの十字架の代価を払って買い取られたわたしたちにとって、それに対する感謝が三百万円であったとしても、それほど驚くべき事柄ではないのではなかろうか。むしろ、口や心では主イエスの恵みを感謝しながら、わずかなものしかささげ得ないわたしたちの信仰こそ驚くべきことではなかろうか。

わたしたちは、みんな十字架の恵みを知っている。それがどんな「喜び」であるかをも知っている。しかし、それが現実の喜びとなってこないのは、その「喜び」が「畏れ」からの「喜び」でないからではなかろうか。あのきびしい旧約の神の前で、恐れおののく経験を持たずに、赦しの宣言だけを聞いているところに、わたしたちにもたらされた「喜び」が現実の力となってこない理由があるのではなかろうか。

あの十字架上で、「すべてが終わった」と宣言して、息を引き取られた主を知りながら、その喜びを味わえないわたしたちは、それを知らずに「畏れ」の生活を送る人々と同様、あわれである。

わたしは聖餐式の時、一人の牧師から、屠殺場を見学してきた時の話を聞いたことがある。追われて門をくぐってくる牛。電気にかけられて、けいれんしながら倒れるあわれな姿、グサリ、と鋭い刀で心臓を突き刺されて、ドクドクと流れ出る鮮血。

彼はその情景を語りながら、「取って食べなさい。これはわたしのからだです」と言って、パンを配り、「これは、わたしの契約の血です。罪を赦すために多くの人のために流されるものです」と言って杯を配った。

きよめられた式文を読み、会衆に気を配りながら、司式者である自分が、なんの感動も覚えずに終わってしまうことさえある聖餐式が、この時ほど強くキリストの愛に迎えられて、あずかり得たことはなかった。

罪の払う価は死である。友よ、あなたは死ぬことなしに、その罪は赦されない罪人である。あなたはそのような自分に対して、身の毛もよだつほどの恐れを覚えたことがあるか。ののしられ、あざけられ、恥ずかしめられた主は、十字架の死を遂げられたのである。

わたしの赦されんために、あなたの赦されんために。この恐れを知らずして真の喜びはない。

主イエスは、今は「喜び」の時であることを語られたのち、「だれも、新しい着物から布切れを引き裂いて、古い着物に継ぎをするようなことはしません。そんなことをすれば、その新しい着物を裂くことになるし、また新しいのを引き裂いた継ぎ切れも、古い物には合わないのです。また、だれも新しいぶどう酒を古い皮袋に入れるようなことはしません。そんなことをすれば、新しいぶどう酒は皮袋を張り裂き、ぶどう酒は流れ出て、皮袋もだめになってしまいます。新しいぶどう酒は新しい皮袋に入れなければなりません」（ルカ五・三六〜三八）と語られた。

主イエスによってもたらされた新しい信仰生活は、主イエスによってもたらされた新しい時に立たないかぎり、理解することはできないことを諭されたのである。

その後、主は安息日に弟子たちが麦の穂を摘み、それを食べたことで非難されたり、安息日に右手のなえた人の手をいやされたことを問題にされて、攻撃を受けられた。これに対して主は「人の子は安息日の主である」と言って答えられているが、この解釈はいろいろあるようである。

しかし、安息日を守るということも、主イエスのご来臨によって、すでにその必要性を失った。そのような時に立って、新しく安息日の問題も考えられなければならないというのがその真意ではないかと思う。神へのわざとして安息日が考えられるのではなく、神の栄光を現わす日として安息日を考えるべきであるというのが、新しい安息日を守る精神であり、それは今日、わたしたちが聖日を厳守する心でもある。

ある時、一人の人が来て、わたしにこんなことを言った。

「Aさんのような人がクリスチャンなら、わたしはもうクリスチャンになりたいと思いません」。

よくこのようなつぶやきは聞くものである。しかし、こういう考えがどんなに正しくても、また真剣であっても、それはキリスト教的とは言えない。なぜなら、そこには「喜び」が消えているからである。

わたしは、この人に向かって言ってあげた。

「あんな人かと思わずに、あんな人でもと思ってごらんなさい。その時、あなたの心は軽くなりますよ」

この人はしばらく考えていたが、

「ああ、そうでしたね」

と言って、明るい顔で帰って行った。

わたしたちは、知らず知らずのうちに、赦された喜びを忘れてしまう。どんな事柄も、喜びの時には苦痛にならないものである。どんなことの中にも、明るさを持つことができるものである。あなたが苦しくなったら、あなたのために十字架で苦しみ、あなたを愛する子として迎えてくださっている主を仰ぐがよい。福音信仰とはそのことである。

「いつも主にあって喜びなさい。もう一度言います。喜びなさい」（ピリピ四・四）。

友よ、どんな時にも喜ぼう。主を仰いで喜ぼう。そのために主が来られたのだから。

一三　十二使徒の選び

安息日に対する主イエスの態度は、当時のパリサイ人や律法学者たちから、大きな反発を買う結果となった。

一見、安息日を破るように見えた主イエスに対して、「すると彼らはすっかり分別を失ってしまって、イエスをどうしてやろうかと話し合った」（ルカ六・一一）と聖書は記している。

前項で述べたように、安息日を厳格に守っている彼らにとって、主イエスの態度は許しがたいものに思われたのである。しかし、実はこの安息日に対する彼らの熱心が、かえって安息日を殺す結果となっていたのである。

目的達成のための律法

元来、律法とは「イスラエルの全生活を神の意志に従わせんための神より与えられた道徳的、宗教的、法律的命令であり」、「イスラエルが直接神より汝として呼びかけられ、神のものとならんために与えられたものであった」（『新約聖書神学辞典』「おきて」の項より）。すなわち律法とは、イスラエルの民が神の民として、その恵みにあずかるために与えられたものである。したがって、律法は遵守《じゅんしゅ》すべきものではあるが、それ自身、目的となるべきものではない。むしろ、目的のために存在するものである。

そういう意味では、律法は手段、と言えばあまり適切なことばではないかもしれない。目的達成のために存在するものである。そのようなものが目的化されていくことは誤りである。しかしこのことばは、しばしば混合されがちである。

たとえば、今日わたしたちは、キリスト者として教会生活を大切にしなければならない。ある書物にこんなことが記されていた。「礼拝は神に対する奉仕であります。礼拝に遅刻してくる人があります。そういう人の多くは、毎日の職場や学校へは遅刻しません。なぜならば、遅刻すると給料を引かれたり、上役や先生ににらまれるからです。教会では遅刻をしても、給料も引かれませんし、だれにもしかられません。だから平気で神に対する奉仕に無責任であるというならば、その人の根性は全くこの世的というほかありません。その人は給料や上役に束縛された不自由な人です。しかられないし損をしないところ、全く自分の自由な意志で責任ある奉仕をすることを求められているところ、それが教会であります」。

全く同感である。わたしたちはこの世の生活に対して忠実であるように、教会生活に対しても熱心があり、忠実でなければならない。しかしまた、これと反対に、教会のことについては熱心であるが、職場や社会では消極的であるという場合もある。

これもまた問題である。時々教会生活に熱心な信徒の中に、こういう態度の人を見るが、これは神のみ旨にかなう生活をするためにある教会生活が、目的化されていることであって、まちがった教会生活であると言えよう。

わたしの好む断食は、これではないか。
悪のきずなを解き、くびきのなわめをほどき、
しいたげられた者たちを自由の身とし、
すべてのくびきを砕くことではないか。
飢えた者にはあなたのパンを分け与え、
家のない貧しい人々を家に入れ、
裸の人を見て、これに着せ、
あなたの肉親の世話をすることではないか。（イザヤ書五八・六、七）

とイザヤは預言しているが、わたしたちの教会生活は神のみ旨にかなうためのものでなければならない。

主イエスの安息日に対する、あの自由な態度こそ、まことに安息日を生かす道であったのである。しかし、頑迷なまでに律法を厳守していた当時の宗教家にとっては、主イエスの自由な態度は危険そのものに思われたのである。だから、彼らが主イエスに対して殺意をいだいたのは、単なるジェラシーや勢力争いなどによるものと解するのは、あまりにも表皮的な解釈であると私は思う。

彼らは彼らなりにまじめに考え、それが最も神に忠実なわざであると考えての行動であったのである。そこにこの問題がわたしたちにもかかわる危険をはらんでいるのである。

使徒――遣わされた者

さて、主イエスは、このような緊迫した時に十二使徒を選ばれた。ルカは「このころ、イエスは祈るために山に行き、神に祈りながら夜を明かされた」（六・一二）と記している。

その登られた山が、どこであったのか定かではないが、主イエスはそこで徹夜の祈りをされた。その祈りは、まず選ばれる十二名の使徒たちのためであったことであろう。ある註解書には、十二名の使徒の中にニックネームが多いことをとりあげ（シモンには一徹者というペテロ〈岩〉、レビには主の賜物というマタイ、短気なヤコブやヨハネには雷の子）、ニックネームは、完全無欠の聖人には無縁であるとして、ここに名をつらねている人たちは、すべて欠点を持った人たちであったと説いている。たいへんおもしろい解釈である。

たしかに彼らは「無学な、普通の人」（使徒四・一三）であった。そのような彼らが「使徒」、遣わされた者としての大任を果たすためには、主イエスの徹夜の祈りを要したことは当然であろう。彼らの貧しさを思う時、彼らの弱さを知るゆえに、主は上よりの養いと導きを祈らざるを得なかったのであろう。

私事にわたってたいへん恐縮であるが、わたしの父や母はキリスト信者ではなかったが、篤信の人であった。わたしが中学生の時、試験の日になるといつも母は私の頭に手をおいて祈ってくれた。神棚の前で、合掌して一心に祈った手は、不思議に思うほど温かったことを覚えている。生意気盛りのわたしは、このような母の行為をあまり喜ばなかった。戦時中のことであったので、中学生は巻脚絆《ゲートル》を巻いて登校したが、その巻脚絆を巻いている時、母はわたしの頭に手をおいて、祈ってくれた。

良い成績を取ることができるように、頭をさやかにしてやってください、不正なことをするような誘惑に陥らないようにしてくださいと母は祈った。おかげで私は、中学時代一度もカンニングをした経験がなかった。あれからはほぼ四十年経って、わたしの家には、いま二人の中学生がいる。わたしはかつて母がしてくれたように、試験の時には、二人の子供の頭に手をおいて祈ってやることにしている。彼らは牧師の子供であるゆえか、わたしのように反発はしない。家を出る前に、わたしのところに来て、「祈ってちょうだい」と言って頭を垂れる。日ごろ生意気なことを口にしている彼らであるが、この時だけはまことに神妙である。

日ごろの努力を怠って、神だのみにならぬようにと、心のどこかで警戒心を持ちながら、やはり祈って、子供を送り出すことのできた時は、なんとなく心がすがすがしい。それは「成長させたのは神です」（Iコリント三・六）のおことばに立って、わが子を主にゆだねることができた平安である。

身体的にも、精神的にも危険がいっぱいの今日、わが子のことを思う時、そして彼らがその生涯を神の栄光のためにささげていくことを願う時、祈らずにはおれない。旅行することの多いわたしにとって、時々子供から「お父ちゃん、祈ってね」という電話を受けるにまさる喜びはない。わたしのような者でさえ、このように祈らずにはおれないのだから、まして、主イエスが十二人の使徒たちを思う時、祈りが夜を徹してなされたことは当然であろう。

そして今日、多くの人たちの中から、キリスト者として選ばれ、キリストのからだなる肢体として立てられ、和解の使者として遣わされているわたしたちに対して、主イエスはかつて山において、徹宵《てっしょう》の祈りをされたごとく、天にあって熱き祈りをしてくださるのである。

わたしたちは、時に自分の弱さや不完全さのゆえに、与えられている天与の使命が、あまりにも重く感ずることがある。そして簡単に絶望し、すぐにあきらめてしまう。しかし、わたしたちがどんなに弱くても、わたしたちがどんなに不完全であっても、あのイスカリオテのユダのためにも徹夜の祈りをされた主は、わたしたちのためにも祈りたもうのである。「シモン、シモン。見なさい。サタンが、あなたがたを麦のようにふるいにかけることを願って聞き届けられました。しかし、わたしは、あなたの信仰がなくならないように、あなたのために祈りました」（ルカ二二・三一、三二）とペテロに言われたように、主はわたしが弱り果てた時、あなたが恐れおののく時、わたしのために、あなたのために祈っていてくださるのである。

この祈り手がわれらにあることを信じ、感謝して生きていくとき、わたしたちははじめて神の器として生きていくことができるのである。あのイスカリオテのユダが、このような祈りを受けながら、主イエスを裏切り、その使徒の務めから落ちていったのは、彼が主の祈りを忘れたからではなかろうか。ここに、イスカリオテのユダが、単に二千年昔に生きた一人のあわれな人物であるだけにとどまらず、わたしたちもまた、その危険の中にあることを覚えたい。

徹宵の祈りによって

以上のように、主イエスの祈りは、選ばれんとする十二使徒のためであった。しかしそれとともに、もっと深い願いのためでもあったのではないかと私は思う。それは主イエスがその使徒を選ぶ時、あえて十二人を選ばれたことに由来する。

十二は、もちろんイスラエルの十二部族を象徴するものであり、ここに主が十二使徒を立てられた意図がうかがえる。すなわちそれは、新しいイスラエルの到来の宣言である。したがってそれは、あのいにしえの言い伝えに固執するパリサイ人や律法学者に対する、新しい福音の世界の実現を示す行為であった。また主イエスを抹殺しようとする当時の宗教家に対するチャレンジであった。その事の重大さのゆえに、主は徹夜の祈りを必要とされたのである。

一人の人が、エスキモー人に伝道した話が伝えられている。彼がエスキモー人に伝道した年、たまたまその地に飢饉があった。人々はこれはあのキリスト教の宣教師が自分たちと異なる神を伝えたので、神が怒って飢饉をもたらしたのだと信じた。そこで彼らは宣教師のところにやって来て、おまえの神がわたしたちに鯨をくれるように祈れ、もしおまえが祈っても鯨がとれない時は、われわれの信じるとおり、われわれの神が、おまえが異なる神を伝えたことを怒っておられるのであるから、おまえを断崖から突き落とす。彼らはこう言って、期限を切って帰って行った。そこで宣教師は、夜も昼も神に祈った。しかし、一匹の鯨もとれなかった。そこでエスキモー人たちは、怒って、約束のごとく、この宣教師を断崖の上から突き落とした。その後彼らが宣教師の死骸を捜しに浜辺におりて見ると、驚いたことに、その死骸のそばに一匹の巨大な鯨が横たわっていた。彼らはそれを見て、悔い改め、その鯨の骨で十字架をつくり、宣教師を葬り、彼が伝えてくれた新しい神を信じるようになった。

新しい信仰を伝えるということを、わたしたちはあまりにも簡単に考えているのではなかろうか。説明しさえしたら、容易に人々は改宗するかのごとくに思っているのではなかろうか。聖書は「それは、人がどんなに説明して聞かせても、あなたがたのとうてい信じないような事なのである」と記している。感動的な話や、理路整然たる論説もけっこうである。しかし、そのようなことで新しい信仰は伝えられていくものではない。血みどろの戦いや、絶え間なき祈りがなくして、けっして新しいものが古いものに代わることはできない。

わたしの住んでいる近江八幡市は、メンソレータムで知られた地である。いまからおよそ七十年前、この地に一人の外人がやって来た。彼はこの地の商業学校の英語の教師として赴任して来たのである。ところが約二年して彼は、この学校の英語教師を解任された。彼が学校で生徒たちに伝道し、多くの者がキリスト教信仰に導かれたからである。

当時の人々は、近江商人の発祥の地であるこの八幡に、このような宗教がはびこったのでは、前途暗澹《あんたん》たるものがあるとして、ついに彼を解任したのである。しかし、彼は信仰のゆえにこの地を引き揚げたのでは、キリスト教が敗北したことになると考え、終生この近江八幡に住み、多くの伝道のわざをなし、晩年この町の名誉市民として遇せられた。

今日、近江兄弟社は、往時のような盛況ぶりを見ることはできないが、彼の蒔いたキリスト教信仰の種は、至る所に根を下ろし、実がみのっている。しかし、この事柄も、伝道の困難さは単に昔のことでも、未開地のことでもなく、われわれの地もまた同様であることを示し、血涙の伴う祈りなしにはあり得ないことを教えている。

主イエスは、彼によって始まった新しいイスラエル、神の国の到来の福音は、けっして容易に受け入れられるものでないことをご存じであられた。ゆえに、ひとり山に登り、神の助けと導きとを祈られたのである。主イエスと言えども、祈ることなしに、古い世界に挑戦していくことはできなかったのである。

しかしいまや、人はそのことを知ると知らずにかかわらず、新しいイスラエルの十二部族は立てられたのである。そして神の国の支配は、現実に力強く働き始めたのである。山からおりて、十二使徒をお立てになるや、人々は主とその弟子たちの回りに群れ集まって来た。それらはみな深い悩みを持った者であり、解きがたい重荷にあえぐ者たちであった。主イエスは、その一人一人に手をおき、彼にさわり、その病いをいやし、悩みを解き、神の国の到来を示された。

マタイの福音書では、山上の垂訓となっているが（五・一）、ルカの福音書では、平地の教えとなっている（六・二〇）。使徒選任後、主は新しい世、主イエスによってもたらされた福音の世の倫理を説かれた。それは単なる逆説ではない。新しい世における論理であり、新しい福音の世界、主イエスのもとではしごく当然の教えである。

これを逆説として受けとる人が多いようであるが、それは主イエスがもたらされた新しい世を無視して、解釈しているからである。たとえば、主は敵を愛し、悩む者に親切にせよと言われた（ルカ六・二七）。わたしたちにとって、敵を愛することはできない。もし愛することができた時、その人はもはや敵ではない。その意味において、敵を愛せよということは矛盾の論理である。

しかしマタイは、このことばを主がお語りになる前に「隣人を愛し、敵を憎め」と言われていたことは、あなたがたの聞いているところである。しかし、わたしはあなたがたに言う、と主イエスが言われたことを明記して、この教えが新しい世界のものであることを示している。

わたしたちは冬の衣装を春が来ると脱ぐ。それは新しい時候になったからである。寒い冬にどんなに親《した》わしかったものでも、春になるとそれを脱ぎ捨てる。それは自然のことである。春になっても冬の衣装をつけていることは不自然である。

主イエスの来臨までは、「敵を愛する」という論理は成り立たなかった。しかし、主イエスが来られ、主はその敵のためにも十字架につかれたことを知る時、わたしたちは敵であるからと言って、神の愛したもう者を憎むことはできなくなった。ヨハネは「神を愛する者は、兄弟をも愛すべきです」(Iヨハネ四・二一)と語っている。なぜなら、神はその兄弟を愛しておられるからである。したがって、わたしたちは、その人の持っているものによって、その人を見ない。その人に注がれている神の愛によってその人を見る。

そこに、どの人をも尊んでいく生き方があり、敵をも愛していく論理が存在するのである。主イエスの教えは、この新しい世に立って受けとめないかぎり、真の理解を得ることができないし、まして、そのことばを喜ぶことは不可能である。

友よ、主イエスを信じるがゆえに、やみのわざを捨てて、昼歩くように歩こうではないか。主イエスは、このような歩みのために来られ、語られ、十字架につかれ、復活されたのである。

第3章

エッケ・ホモ

―この人を見よ―

一四　汝の敵を愛せよ

主イエスが十二使徒を選ばれたことが、新しいイスラエルの到来を世に向かって現わすことであったと同じく、「山上の垂訓」と呼ばれる主イエスの教えもまた、いにしえに世に向かってなされた、新しい世——神の国——の倫理の宣言であった。

したがって、われわれがこれを解釈する場合、主イエスの来臨によってもたらされた、新しい世に立っていなければ真の解釈をすることはできない。このことはたいへん重要なことであるので、その教えの中で、最も根源的なものと言われる「敵を愛せよ」と言われた主の戒めについて、いま少し考えてみたい。

自然的人間にはできない

ボンヘッファーが『山上の説教』という本の中で、

「敵を愛することは、ただ自然的な人間にとって耐えがたいつまずきであるだけではない。それは、自然的な人間の力にあまることであり、また彼の持っている善悪の概念に背反するものである」

と述べている。たしかに、わたしたちには「敵を愛する愛」は存在しない。わたしたちの愛はどこまでも、となり人を愛する愛であり、自分によくしてくれる者に対する愛でしかない。しかし、主イエスは、

「自分を愛する者を愛したからといって、あなたがたに何の良いところがあるでしょう。罪人たちでさえ、同じことをしています。自分に良いことをしてくれる者に良いことをしたからといって、あなたがたに何の良いところがあるでしょう。罪人たちでさえ、同じことをしています。返してもらうつもりで人に貸してやったからといって、あなたがたに何の良いところがあるでしょう。貸した分を取り返すつもりなら、罪人たちでさえ、罪人たちに貸しています。ただ、自分の敵を愛しなさい。彼らによくしてやり、返してもらうことを考えずに貸しなさい」（ルカ六・三二〜三五）。

と言われた。ボンヘッファーは「血や歴史や友愛によってわたしにつながっている者に対する愛は、異邦人の場合もキリスト者の場合も同じである」と述べているが、全くそのとおりである。

われわれは、けっして世の人より愛情が深いわけではない。罪人よりも親切なわけでもない。異邦人よりも心が広いわけでもない。あの主イエスの弟子たちが「普通の人」（使徒四・一三）であったように、わたしたちもまた、全く「普通の人」である。このようなわたしたちに、「敵を愛せよ」と言われても、不可能なことである。それは、わたしたちの現実を無視した、無理な要求である。

クリスチャンの中に、時々キリスト者としての罪責感にさいなまれながら生きているような人を見受けることがある。思うに、このような人は、元来わたしたちには、無理な主の要求をまじめに受け止め、それが実行できないと、自分を責めながら生きている人たちである。これではキリスト教は自虐趣味となってしまう。

いったい、主イエスは、なぜこのような現実無視のきびしい戒めを与えられたのであろうか。ボンヘッファーは、このことに関して、次のようなことを述べている。

「〈キリスト教的なものとは、『特別なもの』、すぐれたもの（περισσόν）、特異なもの、正規でないもの、自明でないものである〉ということである。そのキリスト教的なものは、『まさっている義』において、パリサイ人をはるかに『しのぎ』、パリサイ人に対して傑出したものであり、パリサイ人の義より多いもの、それを越えて行くものである。自然的なものは、異教徒とキリスト者にとって同一のもの（τὸ αὐτό）であるが、キリスト教的なものはすぐれたこと（περισσόν）に始まり、ここから初めて自然的なものを正しい光の中に置くのである。この特別なもの、特異なもののないところには、キリスト教的なものはない。キリスト教的なものが生起するのは、自然的な所与の中においてではなく、それをはるかに超出するところにおいてである。……」

すぐれたこと（περισσόν）とは何か。それは、「苦しみながら従順にも十字架に向かって行くイエス・キリストご自身の愛であり、十字架なのである」と説いている。

彼はどのようなクリスチャンも、彼自身の中には「敵を愛する」愛を持ち合わせていないことを語り、クリスチャンはただ「すぐれたこと」に出会うことによって、元来彼のどこにも存在しない「敵を愛する」愛に生きることができるのだと、解説している。

全く同感である。われわれは「すぐれたもの」に拠《よ》ることなしに、キリスト者として生きることはできないのである。主は「自分をよくしてくれる者によくしたとて、どれほどの手柄になろうか」（ルカ六・三三、口語訳）と言われたと記されているが、この「手柄」と訳されているギリシヤ語「カリス」は、「恵み」を意味することばである。

したがって、先ほどの主イエスのことばは、「自分によくしてくれる者によくするのは、上より賜わる恵みによらなくてはできることではない」との意味であり、主はこのことばをとおして、われわれは「カリス」に拠って、はじめて「敵を愛せよ」という戒めに生きることができることを教えられたのである。

父は日本人に扼殺された

数年前のことであるが、わたしのところに、台湾の山地族の牧師がしばらく滞在したことがあった。ある時、彼はわたしにこんな話をしてくれた。

彼がまだ小さかった時、彼のお父さんは日本人に扼殺《やくさつ》された。しかも、彼の母や彼の弟妹たちの目の前で。冷たくなった父親の遺体を持ち帰り、もはやなんの反応もしてくれない父にとりすがりながら、彼の母も、彼も、彼の弟妹たちも泣き叫んだ。そして、もう流す涙も、叫ぶ声もかれてしまい、みんな黙り込んでしまった時、彼の心の中に「父の仇討ち」の思いが燃えあがってきた。「ぼくはなんとしても、あの日本人に仕返しをするんだ」。

この時、彼は心に強く誓った。仕返しをすることが彼の父に対する義務だと思った。少年時代、父の手にひかれながら、野に行く友人を見ては彼の心は燃えた。貧困のゆえにすき腹をかかえて横たわる時、彼の心は復讐の心にはやった。「あの日本人を探し、あの日本人がお父さんにしたようにして、ぼくはあの日本人に仕返しするんだ。仕返しさえすれば死んでもよい。きっとお父さんは喜んでくれるにちがいない」。

彼はただ、この一念で身体をきたえて、勉強をした。幸い、日本が戦争に負け、彼らは中国人として、奪われて失っていたいろいろなものが返ってきた。彼の心はそのたびごとにはやった。日本人に対する復讐の道が開かれていった。

彼は一日も早く、日本に渡るために、いろいろな方法を考えた。そして、キリスト教会に行き、クリスチャンになるのが早道だと教えられ、彼は教会にかよいはじめた。

ところが、彼はそこで思いがけない事柄に出会った。それは敵を赦し、仇のために祈られた主イエス・キリストとの出会いである。そして、その主の愛は、罪人であるこの自分のためにも注がれていることを彼は示された。

「神がキリストにおいてあなたがたを赦してくださったように、互いに赦し合いなさい」（エペソ四・三二）。

彼の信仰が深まるにつれて、彼の心は回転舞台のように、静かに回り出した。暗い、陰気な舞台から明るい喜びの舞台に。彼はついに神の愛を受け入れ、その神のみ前に献身し、牧師となったのである。そしていま、彼が長い間夢にまで見た日本に来たのである。仇討ちのためではなく、愛の使者、福音の宣教者として。

たどたどしい日本語で語る、彼のことばには、異常なほどに熱気を感じさせられた。黒い顔、特異なひとみ、部厚いくちびる。しかし、そこにはキリストの愛に対する、限りない感謝と喜びがにじみでていた。

「先生、わたしはわたしのお父さんを殺した日本人に会いたい。名前も住所も知らない。山地に育ったわたしは、日本にさえ行けば、その人を見つけることができると思っていたのです。わたしの心の底には、いまもはっきりとその人の顔が残っています。でも日本はあまりにも人が多いから、探すことはできない。残念です。わたしはその日本人に会ってお詫《わ》びを言いたいのです。長い間憎み続けたわたしを赦していただきたいのです。そして、わたしをこんなに変えてくださった神さまの愛を、その人に伝えたいのです」。

わたしは、いまさらのごとく、戦時中、日本人が犯してきた罪の大きさを知らされ、それに対して詫びることばさえなかった。しかし、それ以上に、キリストの愛の強さ、深さ、高さを知らされ、主のみ名をあがめずにはおれなかった。

半殺しになってもあなたがたを愛す

「われわれは、苦難を負わせるあなたがたの能力に対し、苦難に耐えるわれわれの能力を対抗させよう。あなたがたのしたいことをわれわれにするがいい。そうすれば、われわれはあなたがたを愛し続けるだろう。われわれはきわめて良き良心のゆえに、あなたがたの不正な律法に従うことはできない。なぜなら、悪と協力しないということは、善と協力するということと同じように道徳的義務だからである。われわれを刑務所に放りこむがいい。それでもわれわれはあなたがたを愛するだろう。われわれの家庭に爆弾を投げ、われわれの子らをおどすがいい。それでもわれわれはなお、あなたがたを愛するだろう。覆面をした暴徒どもを真夜中にわれわれの社会へ送りこみ、われわれを打って半殺しにするがいい。それでもわれわれはなおあなたがたを愛するだろう。しかし、われわれは耐え忍ぶ能力によってあなたがたを摩滅させることをはっきり覚えておくがいい。いつの日かわれわれは自由をかち取るだろう。しかしそれは、われわれ自身のためだけではない。われわれはその過程で、あなたがたの心と良心に強く訴えて、あなたがたをかち取るだろう。そうすればわれわれの勝利は、二重の勝利となろう」。

人種差別反対運動に生き抜いたM・L・キング牧師の「汝の敵を愛せよ」という説教の一節である。

なんと力強いことばであろう。彼は、このことばの前に、「諸君、われわれはこれまでにあまりにも長い間、いわゆる実践的な方法ばかりを追求してきたので、そのためにずるずると一層深刻な混乱と無秩序におちいってしまった。現代は、憎しみと暴力に屈服して崩壊した社会の残骸で満ち満ちている。われわれの国家を救い、そして人類を救うために、われわれは別の道を求めなければならない」と語っている。

われわれは「となり人を愛し、敵を憎め」という論理の世界に生きてきた。それは国家や民族といった大きいものから、わたしたち一人一人の個人生活に至るまで、すべてがこの論理の中に生きてきた。そして、人類の長い歴史は、その間において、少しでも平和や秩序を打ち建てようと努力してきた。しかし、いっさいは無益であった。そこに残されたものは、根深い対立であり、いえがたい傷であり、崩壊した社会であった。

キング牧師は、このような長い人類の悲しい運命をとどめるために、「別の道」を求めなければならないと提言しているのである。そして、その「別の道」こそ、「敵を愛し、仇のために祈る」道である。しかし、わたしたちはそのような道に生きることはできない。それはわれわれの本質に反する道であり、そのようなエネルギーはわれわれのうちにはない。そのゆえに、人はこの提言をユートピアとして本気にしようとしない。だが、十字架の主に拠る時、わたしたちは自分にない、この愛に生きることができるのである。

キリストの愛によって

死んで四日もたち、もう臭くなっていたあのラザロが、主イエスによってよみがえったように、死んだ者は絶対に自分の力で生きかえることはできない。たとえそれが、仮死状態であろうとも、自分で蘇生することはできない。

死人ラザロは、主イエス・キリストによってよみがえり、「手と足を長い布で巻かれたままで出て来た。彼の顔は布切れで包まれていた」（ヨハネ一一・四四）のである。

このように、主イエス・キリストを信じる時、それがあの台湾の牧師のように個人であろうと、キング牧師のように国家や民族であろうと、その愛に生きることができるのである。今日、われわれがこの愛に生きるか否かは、単に道徳の問題ではない。それは生死の問題であり、建設か破滅か、平和か戦争かの問題である。

わたしたちが、敵であったわたしたちのために十字架につき、死の代価を払って、わたしたちのいっさいの罪を贖い、買い取ってくださった主イエス・キリストに気づき、そのかたの愛に迫られる時、冷たい心、自分のことしか考えることのできない利己心にこりかたまっているわたしの心に、熱い火がともされるのである。

火は火によってともされる。主イエス・キリストの愛の火によってのみ、わたしたちの魂にも愛の火がともるのである。そして主は、この火をわたしたちにともさんがために来られたのであり、十字架につかれたのである。

主は最後の晩餐の時、弟子たちの足を洗われた。ペテロはそれを恐縮して、「決して私の足をお洗いにならないでください」と固辞した。その時主は言われた。「もしわたしが洗わなければ、あなたはわたしと何の関係もありません」（ヨハネ一三・一以下）。キリスト者のキリスト者たるゆえんはどこにあるか。それは主イエス・キリストに足を洗っていただいたということである。わたしたちのいっさいはここから出発する。パリサイ人にまさるもの、異邦人にまさるものはただこの一事である。そして主は、けっして特定の人の足だけを洗われるかたではない。主はあなたの足も洗われたのである。友よ、この光栄、この特権に、あなたは気づいておられるか。この神から賜わった恵みを知らずにいるにまさる悲劇はない。

「山上の垂訓」は、すべてこの主イエスにある愛に根ざして語られたものである。したがってわたしたちも、この愛に基づいて理解しなければ、そのメッセージを受けとめることはできない。主は「山上の垂訓」を結ぶにあたり、「なぜ、わたしを『主よ、主よ。』と呼びながら、わたしの言うことを行なわないのですか」（ルカ六・四六）と語っておられる。主のおことばに感心して聞き入る人は多い。わたしたちは、よいことばや美しいことばが好きである。しかし、ことばは実行して、はじめて意味を持つものである。

おそらく、主イエスはご自分のことばに「なるほど」と相槌を打ちながら、いっこうに腰をあげようとしない人たちをごらんになって、このことばを口にされたのであろう。主イエスは、単なる道学者として来られたのではない。わたしたちを新しい世界、神の国の民とせんがために来られたのである。そのゆえに、第三者的な立場に立とうとする者にきびしく迫られるのである。主イエスは「わたしのもとに来て、わたしのことばを聞き、それを行なう人」と言われている

（ルカ六・四七）。その者だけが新しい世界に生きることができるのである。

主のもとには多くの群衆が集まった。そして、その一言一句も聞きのがすまいと、真剣に主の語られることを聞いた。しかし、多くの人たちは、聞くだけで終わった。聞いて従うには、あまりにも犠牲が大きいように思えたからであろう。その重荷に耐え得ないと感じたからであろう。

ある先人の祈りに、「あなたは十字架を負う力をも与えてくださることを感謝します」ということばがあった。従って行く時、主は弱き足をささえ、主に従うことを得させてくださるのである。だから、自らのうちに能力のないことを嘆くことをやめよう。

無尽蔵なキリストの倉をあてにして従って行こう。その者だけが、主とはどんなかたであるかを知ることができる。主にある世界がどんなにすばらしいものであるかを味わい知ることができるのである。主がこのことばを語られてから二千年、これを聞いた人は多い。しかし、この道を見いだした者は少ない。


注・ボンヘッファーのことばは『キリストに従う』（新教出版社）から。キング牧師の説教は『汝の敵を愛せよ』（新教出版社）から。

一五　まず目の梁を取り除け

Ｄ・Ｇ・ミラーという新約学者が「ルカの福音書」の講解の中で、「御国の律法の神髄は愛である」と述べ、「愛は自己中心の反対である」と説いている。

愛のむつかしさは、この自己中心の反対であるというところにある。そこに、愛を説く人は多いが、愛に生きる人がまれであるゆえんがある。主イエスは、そのことのゆえに、ルカの福音書は六章三九～四五節で、四つのたとえを語られた。

このことは、倫理的な教えとして解釈されがちであるが、主がお語りになった主旨は、単に倫理的な教えを語られたというよりは、宗教生活を営む者の根本的な姿勢を明らかにするところにあったと思われる。

根源者との結合

ここには四つのたとえが語られている。盲人の手引き、目にあるちりと梁、木と実、倉と搬出物。これらの四つのたとえは同一テーマである。それは根源と結果の関係を語るものである。すなわち、盲人を正しく手引きしようと思えば、明らかな目を持つことが必要であり、友人の目にあるちりをのけてやろうと思えば、自分の目にある梁を取りのけて、はっきりした目になることが大切である。

良い実を得ようとするならば、良い木を植えねばならず、倉から良い物を取り出そうと思えば、良い物を搬入した倉でなければならない。良い結果は良い原因によらねばならない。

これが主イエスのここで語られた主旨である。愛は美しい。そして愛がなければいっさいは無益である。しかし、その愛はわたしたち人間の努力で生み出せるものではない。

自己中心にしか生きられない人間が、真の根源、愛の神に生かされることによって、初めて結ぶことのできるものなのである。

宗教のことをreligionという。再び結び合わされるという意味だそうである。根源者との結合、それが宗教である。人間はこのことをおろそかにして、結果のみを求めやすい。しかし宗教とは根源者との結合を最も大事なこととして生きることである。主イエスは御国の律法として愛を説くと共に、そのためにはいかに生きるべきであるかを、先ほどの四つのたとえで教えられたのである。四つも語られたところに、それがどんなに注意されなければならない事柄であるかも、示しておられると言えよう。

しかし、根源者との結合の大切さを認めても、具体的にそれはどのようなことであるかを知らなければ、実を結ぶ結果とはならない。そこで、主イエスは、もう一つたとえを加えられた。

根源者との結合とは、根源者のことばを聞いて行なうことなのである、と主は言われる。わたしたちが主イエスのことばを〝よきことば〟として聞いている間は、なんの問題もない。しかし、ひとたびそのことばをわたしへの語りかけとして聞こうとする時、すなわち、聞いて行なおうとする時、わたしたちはとまどいを感じ、不安になる。そこで多くの人々は、主のことばを聞くだけで終わってしまうのである。

キリスト者とは、主イエスがどんなことを言われたとか、どんなことをされたとか、二千年昔のナザレのイエスさまの行状を知る者ではない。キリストの生命に生かされて、愛に生きるために召された者である。そのためには、キリストのことばを聞いて行なう者とならなければならない。たとえそうすることによって、どんなに傷つき、また大切なものを失なおうとも、大胆にことばに従って生きるところに、キリスト者の人生があるのである。

ののしられてもやさしくする

十数年前、一人の姉妹が、わたしを訪ねてきた。彼女はわたしに、自分の身の上ばなしを話してくれた。彼女はきびしい家庭に嫁ぎ、その生活を耐えきれず、子供を道づれに自殺を試みた。ところが自分は助かり、子供は死んだ。

当然社会の問題となり、世間のうわさとなった。一家一門の恥である。家の人たちの心は硬化し、裁判の結果、無罪となったけれども、彼女を迎え入れてくれなかった。心ない人のことばが耳に入り、身を裂かれる思いがし、彼女は、毎日死に場所を求めて、さまよい歩いているとのことであった。

結果的にはわが子を殺したことになるのだから、鬼のような母親だとののしられても返すことばがない。しかし、事ここに至るためには、彼女にも言い分が全然ないわけではない。ともすると、人間は自分の言い分に固執し、自己弁護に必死になるものである。彼女もまたそうであった。心の中で冷たい家の人を責め続けていたのであった。

「先生、こんなわたしはどうしたらよいでしょうか」

思いつめたようなまなざしで、わたしをじっと見つめながら、彼女はわたしによき知恵のことばを求めてきた。わたしは一瞬、たじろぎを覚えたが、

「教会にいらっしゃい。神さまはきっとなんとかしてくださいます」

と答えた。この時、恥ずかしいことながら、わたしにも確信があったわけではない。そう言うよりほか仕方がなかったのである。

彼女はそのわたしのことばを信じて、教会に来はじめた。熱心に聖書を読み、集会を休むことがなく、悲しい時や途方にくれる時には、必ずわたしのところに来て祈りを求めた。

約半年を経ぬうちに、一つの事が起こった。心をかたくなにしていたご主人が訪ねて来てくれたのである。そしてまもなく、ご主人は親のもとから彼女のところに移って来た。それは彼女にとって、ほんとうにうれしいことである。

しかし、そのうれしさには大きな影が伴っていた。それはこのことによって、両親の心がます

ます硬化していったことであった。「あなたの敵を愛し、あだのために祈りなさい」との主イエスのことばを知った彼女は、この両親こそ愛していくべき人であると、一心に両親のために祈った。

だがいっこうに明るいきざしは見られなかった。いろいろと努力もした。しかし、憎しみのことばと屈辱の行為が返ってくるだけであった。そんな時、彼女はいつも「イエス・キリストによってわたしの罪が赦されたのだと、知らされたいまは、人のことばもしぐさも心にささらなくなりました」と言って、感激していた。

そして、相手がどうであれ、彼女は愛と謙遜の限りを尽くして、両親に仕えようと努めた。やがて、彼女たちが家を新築することになり、いちばん良い部屋を両親のために造った。「いまはまだ来てくださいませんが、祈りつつその日を待っています」と、彼女はわたしに語ってくれた。

それから数年経ったある日、わたしは彼女から、次のような手紙を受け取った。

「先日、突然主人の母が家を見に来ました。ほんとうに突然のことであったのでびっくりしてしまいました。……十三年前、すべてに恵まれ、優越感に浸っていた母をどん底に突き落とし、一家の不幸を招いた私を、母は憎み続け、うらみ続けておりました。あのころより長い歳月、数々の屈辱を共に堪えてくださり、涙をぬぐって、今日の日を与えてくださった神さまに感謝せずにはおられませんでした。……もしあの時、教会の門をくぐっていなかったら、私は神さまの愛も知らず、救われないまま、人をうらみ、運命をのろって、みじめな人生を送っていたと思います。……」。

まことに主イエスは、きのうもきょうも、いつまでも変わりたもうことのないかたであられる。彼女は、主イエスのことばを聞いて、行なうことによって、お約束のとおり、倉から良いものを持ち出すように、どこまでも愛し続けることができたのである。「恥ずかしめられては祝福し、迫害されては耐え忍び、ののしられては優しいことばをかけ」ることができたのである。

そのような愛は、生まれつきの彼女には存在していなかった。ただキリストに接木《つぎき》されることによって、彼女はそのような実を結ぶことができたのである。主イエスはわたしどもに高い道を示すために来られたかたではない。わたしたちに気高《けだか》い道に生きる力を与えるために来られたかたである。大事なことは、わたしたちが主のおことばを信じて生きることである。その時、主がかつて「まことに、まことに、あなたがたに告げます。わたしを信じる者は、わたしの行なうわざを行ない、またそれよりもさらに大きなわざを行ないます」（ヨハネ一四・一二）とお約束してくださったように、わたしのような者でも、気高い主のわざをなすことが許されるのである。キリスト者の光栄はここにある。

福音のつまずき

主は告げるべきことばを、ことごとく語り終えて、カペナウムに帰られた。主の語られたことばは、多くの預言者や王たちが「聞こうとしたが聞けなかった」神からの宣言であった。それゆえに、これらのことばは、人間の理解や納得を前提としない。「彼らが聞いても、聞かなくても、あなたはわたしのことばを彼らに語れ」（エゼキエル二・七）と告げられているごとく、天よりのことばを告げる者は、人の顔を恐れず、語らなければならない。それを語ることによって憎まれ、ののしられ、あざけられ、反発を受けることがある。

親しい友を失い、信頼や期待を裏切らねばならぬこともある。ここに神のことばを託された者の戦いがあり、苦悩がある。時々大衆伝道者が、集会の決心者の数を誇らしげに語っているのを聞くことがあるが、そんな時、これでいいのだろうかと思うことがある。もちろんすべての人が救われることが神のみこころであり、またわれわれの願いである。そのゆえに救い主を受け入れようと決心に導かれた人が多く出ることは望ましいことである。

しかし、そのことのゆえに、人の理解や納得を求めようとして、そのものの持つつまずきが、たくみに取り去られてしまうようなことがないだろうか。福音は「どんなに説明しても、とうてい信じられないほどのことである」（使徒一三・四一）と言われているようなつまずきを持つものである。何人の人が席をけって出て行ったか、その人数もまた決心者の人数と同様大切なことではなかろうかと思うのである。

話は少し横道にそれたが、おそらく主イエスがカペナウムに帰られたのは、天よりのことばをことごとく語ったがゆえに覚えた疲れをいやすためであったことであろう。わたしたちは主イエスのことばは、それほどの真剣さが秘められていることを忘れてはならない。そしてわたしたちも、いのちをかけたおことばに対して、いのちをかけて応答していかねばならない。そのような態度こそ、主イエスに対する真実なあり方である。

わたしたちは、この真実を待たずして、真に主のおことばを理解し、味わうことはできない。そして、真実をもって主に求めて来る者を、主はけっして拒みたまわない。いな、彼はそのような人を常に待っておられるのである。

このような主のもとに、一人の人がやって来た（ルカでは、〝その人から遣わされた〟ユダヤ人の長老が来た、となっている）。この人はローマの軍隊の将校であったが、ユダヤ人に対して、たいへん好意的で、彼らのために会堂を建ててくれたような人物であったらしい。彼には一人の信頼するしもべがいた。そのしもべが中風にかかり、ひどく苦しみ、死にかかっていた。

なんとか助けてやりたいと思い続けていた彼は、主イエスのうわさを聞き、さっそくしもべの病のいやされんことを懇願して来た。しかし彼は、ユダヤ人の異邦人に対する感情を知っていたので、主に来ていただこうとは願わなかった。

「ただ、おことばをください」と願い出た。彼は、おことばさえいただければ、しもべの病はきっといやされると、信じていたのである。それは彼が日常部下に対して「行け」と命令する時彼らは行き、「来い」と言えば彼らは来る、そういう生活をしていたので、主イエスがいやしてやろうと言われたら病はいえると信じたのであった。彼は、たとえ現状がどのようであろうとも、主のおことばには現実を変える権威があると信じたのである。

先日、わたしは北米に伝道旅行をした時、誘われてメキシコに行ってきた。メキシコからの帰途、米国に入る検問所に来た時、たくさんの自動車が行列をなしていた。わたしたちのとなりのレーンの検問官は美しい女性であった。わたしは女性の検問官ならやさしかろうにと、少々うらやましい思いで彼女を見ていた。ところが彼女が予想外にきびしいのに驚いた。後ろのトランクを開けよと言えば、大の男がその指示のままにトランクを開けていた。彼女のことばにはだれをも従わせる権威があるのである。

しかしそれは、彼女自身が持っているものではない。彼女に付与されている権威であった。彼女が政府から派遣されているかぎり、彼女は米国政府の権威を行使することができているのである。女性だからなどと甘く見た私はまちがっていたわけである。

主イエスもまた同じである。彼が神から遣わされたかたであるがゆえに、その姿はたとえ人と異ならずとも、そのことばには神の権威があったのである。あの原始の時、おことばをもって天を造り、地を造られたあの力があったのである。

ローマ帝国の権威を付与されていた百卒長は、自分の生活をとおして主を理解したのであろう。だから彼は「ただ、おことばをください。そうすればしもべは治ります」と、言い切ることができたのである。そしてその信仰を、主はことのほか喜び、中風のしもべの病をいやされたのである。

ガリラヤの村里は、今日も病み疲れている人が多い。彼らは、かつて主が歩まれた道を歩み、いやしのわざをなされたところにたたずんでいるのである。これにまさる悲劇はない。しかし、これはただカペナウムだけの情景であろうか。主はあの百卒長に向かって言われた「行け、あなたの信じたとおりになるように」と。

深い信頼と大いなる期待を持って、主のおことばを受けとめない者は、たとえ目の前に主を迎えても、その栄光に接することはできない。友よ、むなしくたたずむことをやめよう。主はいまも権威のあるみことばをもって、あなたのために、あなたのところに来られるのであるから。

一六　死とよみがえり

主イエスは、カペナウムで中風の者をおいやしになったのち、ナインという町に行かれた。カペナウムから一日路の距離にある町である。

町の間に近づかれた時、あるやもめにとって、一人息子であった者が死んで、葬りに出すところであった。主は悲しみに打ちしおれつつ、隣人につきそわれて葬列に加わっているやもめをごらんになり、深い同情を寄せられ、「泣かないでいなさい」と言われた。

そして、葬列に近づき、棺に手をかけ、「若者よ、さあ、起きなさい」と語られた。すると、死人が起き上がって、ものを言いだした。主は彼を母親にお返しになった。死人がよみがえったのである。人々はこれを見て驚き、そのうわさはユダヤ全土と回りの地方一帯に広まった。

死別の悲しみ

「死別」。わたしたちにとって、これほど悲しいことはない。これがやって来た時には、どんな人も悲しむよりほかに道がない。人間の持つ悲劇である。他人がどんなに力づけてくれても、死別の悲しみは消えることはない。だから、この悲しみに出会った人に対して、わたしたちはただことばなく、たたずむほかないのである。

信仰や祈りさえも、死の前には無力なことのようにさえ思われる。「あなたのお嬢さんは亡くなりました。もう、先生を煩わすことはありません」。これは一縷《いちる》の望みを主に託し、わが家に急ぐヤイロに向かって告げられたことばである。死んだらもうおしまいだ。それがたとえ神の子とあがめられるかたであろうとも、死んでしまった人を生かすことはできない。死の前にはなすべき術《すべ》がない。

これはけっしてヤイロの家の者だけが持つ考えではない。内村鑑三が娘を亡くした時、このような文章を残している。

「余は余の一人の娘の疾病の癒されたことを祈った。信者の祈禱の効力あることに関する聖書の言葉を繰りかえして読んで、余は余の消えんとする祈禱の熱心を励ました。余はまたいくたびとなく繰りかえして、ヤイロの娘の全治しことに関する聖書の言葉を読んだ（ルカ八章四〇節以下）。余は、『懼るるなかれ、ただ信ぜよ、娘は癒ゆべし』とのイエスの言を、余に語られし言として受けた。余は医師の言に反して、余の祈禱によって余の娘はかならず癒さるることを信じた。余は彼女の気息が絶ゆるまで、このことを疑わなかった。余は余の生涯の中に、この時かならず奇蹟を目撃することであろうと思うた。

然るに嗚呼《ああ》、ヤイロの娘は癒されたが余の娘は癒されなかった。ヤイロの祈禱は聴かれたが余の祈禱は聴かれなかった。余が目撃せんことを望みし奇蹟はおこなわれなかった。余の愛する娘は天然の法則どおりに死んだ。余は失望した。余は祈禱の効力を疑った。人は言うた、神は余の罪を罰したのであると。またある他の人は言うた、余に真正の信仰が無いゆえに余の祈禱は聴かれなかったのであると。かかる場合における信者の立場は実に憐れむべきものである」。

しかし聖書はそのような悲しみの葬列にストップをかけ、それを喜びの行列に変えられた主イエスを、わたしたちに告げている。

死別の悲しみの中にあるやもめに向かって、主は「泣かなくてもよい」と言われたという。いったい、だれがそんなことを言うことができるのであろうか。もし、わたしたちがそんなことを言ったら、なんとむなしい響きしか持たないことだろうか。

よみがえりの事実

ある時、一人の姉妹がガンのために亡くなった。わたしは彼女の枕もとに座って、聖書を読みながら、ふとこんなことを考えた。ほんのさっきまで、互いに語り合い、冗談を言うと声をあげて笑っていたこの人が、死を境として、何を言っても答えてくれなくなった。

もはや彼女は人間ではなく、一つの肉、一つの物体となってしまった。やがて、このからだは焼かれ、わたしたちの目の前から消えていく。そして、この人がいたということも、年と共に忘れられ、しまいには、その記憶さえなくなってしまう。

いったい、死とは何か。わたしたちは、この死をもって、すべてが終わり、亡くなってしまうのであろうか。家の人たちが明日の葬儀のことで忙しくしていて、部屋にはわたし一人になってしまったので、わたしはあれこれこんなことを考えめぐらしていた。

その時、床の間に掛けられた一幅の掛け軸がわたしの目に入った。そこには大きな字で、「甦《よみがえり》」という字が一字書かれていた。おそらく死期を前にして、彼女が所望して掛けさせたのであろう。死に向かって生きているわたしたちに、もし希望があるとするなら、それはこの「甦」という一事である。

「神は主をよみがえらせましたが、その御力によって私たちをもよみがえらせてくださいます」(Iコリント六・一四)。

「イエスは彼女に言われた。『あなたの兄弟はよみがえります』。マルタはイエスに言った。『私は、終わりの日のよみがえりの時に、彼がよみがえることを知っております』。イエスは言われた。『わたしは、よみがえりです。いのちです。わたしを信じる者は、死んでも生きるのです。また、生きていてわたしを信じる者は、決して死ぬことがありません。このことを信じますか』」(ヨハネ一一・二三〜二六)。

わたしの頭の中に、このようなおことばが次々と浮かんできた。そして、この主を信じる時、はじめて悲しみに閉ざされていた人生に光の射してくるのを感じた。

「また私は、新しい天と新しい地とを見た。……御座から出る大きな声がこう言うのを聞いた。『見よ。神の幕屋が人とともにある。神は彼らとともに住み、彼らはその民となる。また、神ご自身が彼らとともにおられて、彼らの目の涙をすっかりぬぐい取ってくださる。もはや死もなく、悲しみ、叫び、苦しみもない。なぜなら、以前のものが、もはや過ぎ去ったからである』」（黙示録二一・一～四）。

もし「甦」ということが、いまの世に起こることであるとするならば、それはちょうど、最近医学が進み、人間の平均年齢が延びたのと同じことである。

「人生五十年」と言っていた時代から考えるとき、七十幾歳までの長寿はまことに喜ばしいことである。しかし、寿命が延びたことは、老年期の延長でもある。肉体が衰弱し、からだが不自由になる老年期が長くなるということは、必ずしも喜びとは言えない。『恍惚の人』という小説が話題になるのも、ポックリさん参りが流行するのも、老境の悲惨さを物語るものではなかろうか。

死の支配下において、生命の延長は、決して決定的な喜びではない。主イエスのよみがえりが、もし単なる死の延長であるならば、あまり驚くには及ばない。そして、現にこの時の若者も、その後死んでいったのである。

ヤイロの娘も、ラザロも、主イエスによってよみがえらせられたが、その後みんな死んでいったのである。その証拠に今日世界のどこを探しても二千歳を数える老人を探し出すことはできない。

ナインのやもめは、一人息子のよみがえりによって、あの悲しみを喜びに変えていただいた。

そして、涙の葬列は踊り狂う賛美の行列に変えられたことであろう。しかし、彼女は再び悲しみに打ちひしがれ、涙の葬列に加わらねばならなかったのである。

このことを考える時、いったい主イエスのよみがえりとは何なのであろうか。主イエスによるよみがえりとは、どのようなことなのであろう。

「神は、私たちの主イエス・キリストによって、私たちに勝利を与えてくださいました」（Ⅰコリント一五・五七）と言われているが、この勝利とはどのような力なのであろうか。

新しい世の到来によって

すでに学んできたように、主イエスの宣教は、新しい世から来るものであったように、主の復活もまた、新しい世に立つことなしに、その真実を知ることはできない。このことは主のいやしについても同様である。

「あなたの信じるとおりに」なるようにということばをもって、あの中風をいやしたもうた主は、どんな難病もいやし得ぬものはない。わたしたちは、自分たちにできないことは、神さまにもできないように思いがちであるが、これはまちがいである。わたしたちは、人にはできないことも、神にはできることを固く信じて生きるべきである。

聖霊によって、おとめマリヤをみごもらせ、ご自身のみ子を世に遣わされたかたには、因子の有無は問題ではない。しかし、神の全能とわたしの病のいやしとは別問題である。わたしの病は、神のみこころによっていやされるのである。わたしたちは、神の全能と現実の病のいやしとを混同してはならない。

ともすると、「神癒」を強調する人たちの中に、これらを混同し、そのゆえに、神のためにわたしたちが存在するではなく、わたしたちのために神が存在するものであるかのごとき過ちに陥っていることがある。究極において「神癒」も新しい世、すなわち神の国の宣教である。「甦」もまたそうである。

それは、いまの世における死者の蘇生ではない。ルカは、「すると、その死人が起き上がって、ものを言い始めたので、イエスは彼を母親に返された」（ルカ七・一五）と述べている。

死別した肉親、失った親しい者が、再び自分のもとに「返される時」、これこそ主の再臨の時であり、新しい世の到来の時である。主イエスによって、わたしたちはこの希望の中に入れられているのである。

ベタニヤのラザロが病んだ時、使いの者が来て、「主よ。ご覧ください。あなたが愛しておられる者が病気です」（ヨハネ一一・三）と告げたことが、ヨハネの福音書に記されている。

主に愛されている者でも病気をし、死んでいくのである。この時主は、「この病気は死で終わるだけのものではなく、神の栄光のためのものです。神の子がそれによって栄光を受けるためです」と言われた。死をもって終わるだけのものではない。主イエスにあっては、病も死も、それは終わりではない。新しい世が来たる時、それらがすべて勝利されてしまうからである。

ローマ人への手紙一三章一三節の「昼間らしい、正しい生き方をしようではありませんか」というところを、ある神学者は、「すでに昼が来たかのように自制して行動しよう」と訳している。「すでに昼が来たかのように」とは、まだ昼が来たわけではない。しかし、なお暗黒の支配が残っているとは言え、その支配はいつまでも続くものではない。そのことを知らされた者は、もはやその暗さに支配されることはない。やがて来たるべき明るい昼を目当てに生きるのである。ここに福音に生かされたキリスト者の喜びがある。

主の再臨と復活信仰の成就

主イエス・キリストによる「甦」は、いまここで死人がものを言い出すことではない。それは主の再臨の時に起こることであり、その時に「返される」事態である。なお残存する死の暗やみの中にあって、この主による昼がすでに来たかのごとく喜びつつ生きるところに、わたしたちの復活の信仰があり、主イエス・キリストによるよみがえりのわざの意味がある。

しかし、このような音信をもたらした主イエスに対する世の評価は、全く異なっていた。彼らのいだく救い主のイメージとは、全く逆のように彼らには映ったのである。長きにわたって、救い主を待望していた彼らにとって、その期待が大きかったがゆえに、現実のイエスの言動は承服できなかったのであろう。

彼らのえがいた救い主は、現実の解放者であった。ローマの権力から、社会の悪から解放して、神の国を建設するかたであったのである。バプテスマのヨハネもまた、その一人であった。獄に捕えられていた彼は、弟子たちから、主イエスの言動について一部始終、その報告を受けていた。彼は、心ひそかに、主イエスによる「世直し」を期待し、その時の到来を待ち望んでいたのである。彼は神からの救い主が来る時、自分がなめているような、理不尽な事柄は解決され、社会に正義が打ち立てられ、この地上に神のみこころが成るような、理想郷が建設されることを信じていたのである。

だが、主イエスはいっこうに、そのような態度に出ようとなさらない。あちらに中風をわずらっている男がいることを知ると、そこに行って彼をいやしてやり、こちらに一人息子との死別の悲しみに打ちひしがれている者があると聞くと、死人をよみがえらせて、彼らを慰めている。なるほどそれもけっこうなことである。しかし、いま、そんな小さなことをしている時ではない。民は飢え、社会は乱れ、政治は混乱し、権力者の搾取の前に人々はあえいでいるではないか。たまりかねたヨハネは、使者を主イエスのもとに遣わして問わせた。

「おいでになるはずの方は、あなたですか。それとも、私たちはほかの方を待つべきでしょうか」（ルカ七・一九）。

新約学者のエレミヤスは、マタイの福音書一三章三一〜三三節の、からし種とパン種とのたとえについて、「これら二つのたとえが語られた当時の状況として、イエスの使命について疑惑が表明されたと推論してよかろう」と述べているが、この「疑惑」とはまさに、バプテスマのヨハネがいだいた、「おいでになるはずの方」はほかに待つべきかとの質問によくあらわれている。

わたしは十年ほど前に、小さな書物を出したが、これが多くの人たちに読まれ、現在十七版を数えるに至っている。読者の中には、親切に読後感を寄せてくださるかたがある。こんなたよりを読むことは、書いた者にとって何よりの喜びである。しかし、手紙ではまどろこしいと、訪ねて来てくれる人もある。遠い所から訪ねて来てくれると、天にも昇る喜びを感じ、家族あげて歓待する。

ところが、訪ねて来た人たちの大部分は帰ってからのたよりの中に、「会わなかったほうがよかった」というような意味のことを書いてくる。まことに不徳のいたすところで、恥ずかしい次第であるが、盗人にも三分の理ということわざがあるように、この事に関して、わたしにも多少の言い分がある。

それは書物を読んで、自分で勝手に私のことを想像し、本人が想像したほどハンサムではなかったとか、不細工であったと言われても、それは勝手に想像したほうが悪いのではないか。わたしはうそを言ったり、虚勢を張ったりして書いたわけではない。これは正真正銘のわたしなのである、と。

このことから、ある時ふとこんなことを思ったことがある。わたしたちは、それぞれイエスさまの容姿を想像している。あごひげをはやし、ほりの深い、鼻すじのとおったイエスさまの顔。やせた、痛々しい姿のイエスさま。しかし、天国へ行って、正真正銘のイエスさまにお会いしたら、案外、ずんぐりした体格の人であるかも知れない。お顔ももっと野性的な様相をしておられるかも知れない。

天国に行って、こんなはずではなかったと、がっかりする人が多いのではなかろうか。いつか読んだ本の中に、「イエスさまのはだの色は褐色であった」ということばを聞いたとき、卒倒した白人の婦人がいたとか。天国でもほんとうのイエスさまにお会いして、卒倒したり、失望する人が多いのではないかと思う。

自分の想像、自分のえがいたイメージに、相手をあてはめようとすることは酷なことである。相手を相手のまま受け入れていくことが大切である。バプテスマのヨハネを代表とするわれわれ人間は、ともすると、自分のはかりでイエスさまを量ろうとする。それはけっして信仰の姿勢ではない。そのような態度は、自分を主とする態度であり、偶像礼拝に通ずるものである。

ヨハネの使者に向かって、主は言われた。「あなたがたは行って、自分たちの見たり聞いたりしたことをヨハネに報告しなさい。盲人が見えるようになり、足なえが歩き、らい病人がきよめられ、つんぼの人が聞こえ、死人が生き返り、貧しい者に福音が宣べ伝えられています。だれでも、わたしにつまずかない者は幸いです」（ルカ七・二二、二三）。

主イエスは、世の必要のために来られたのではなく、神の必要のために来られたのである。その主を、そのまま受け入れるところに、わたしたちの信仰があるのである。

一七　汝の罪は赦されたり

「おいでになるはずの方は、あなたですか」というバプテスマのヨハネの質問は、おそらく当時の人々がみんな持っていた疑問であったと思われる。彼らが荒野で叫ぶヨハネのところに走ったのも、主イエスのあとに従って行ったのも、彼らがいかに天的な救い主を待ち望んでいたかを示している。

彼らはもうどうにもならないところにまで来ていたのである。高遠な教えを説く人も、尊厳な儀式を執り行なう人も、もはや彼らの心を捕えなかった。それらのものでは、彼らの現実はどうにもならなかったからである。

歴史家が「英雄待望時代」と呼ぶ時代である。こんな時代に、何か人知を超えたような行動をする人物が現われると、群衆は一目散に彼らのところに集まるのである。人間は「不思議」ということに対して弱い。

以前わたしは、あるキリスト教の群れが出している信仰雑誌を読んでいたところ、その中に有名な大学の教授とか、理学博士という肩書きの人の入信のあかしが記載してあった。それを読んでみたところ、彼らの入信の動機は、病気のいやしという不思議に出会ったことであった。自分は神の存在など認めていなかったが、家族のだれそれが信仰によって、不治の病がいやされたので、神を信ずるようになった、という内容であった。

わたしはこれを読みながら、日本の知識人の宗教に関する浅さに驚きを感じた。彼らの無神論は、神の存在を信ずることの否定ではなくて、神の存在に対する無関心に過ぎない。だから彼らは、なるほどその専門に対しては知識は豊富であるが、こと信仰に関しては幼稚である。

社会的に知名度の高い人は宗教とか、信仰に対しても深いものを持っているかのごとく、本人も周囲も考えやすいが、そういう考えは正当を欠く場合が多い。宗教や信仰は趣味や興味で窮められるものではない。このことは、われわれ宗教人も知識人のまねごとのようなことに心を奪われず、この道一筋に生きるべきことを示している。そうでないと、時代を超えた、神からのことばを世に向かって語ることができない。

最高の〝不思議〟は赦罪

話は少し横道にそれたが、主イエスは何か「不思議」なものを求めて右往左往する群衆に向かって、ヨハネのことを語りながら、ご自身によってもたらされた世、すなわち「神の国」について語られた。

「あなたがたに言いますが、女から生まれた者の中で、ヨハネよりもすぐれた人は、ひとりもいません。しかし、神の国で一番小さい者でも、彼よりすぐれています」（ルカ七・二八）。

まことにあざやかな宣教のことばである。

人間はどんなに努力しても、自分の力で三メートルも高く飛び上がることはできない。たとえオリンピックの選手でも、三メートルのバーを飛び越えることはできない。しかし、どんな小さな赤ちゃんでも、飛行機に乗れば、地上五千メートルの高さに至ることができる。

まさに神の国とは、この飛行機に乗った人のようなものである。彼は自分の力ではなく、飛行機（キリスト）の力によって、その高さに至ることができるのである。これはまさに福音の世界である。

「あなたがたは、恵みのゆえに、信仰によって救われたのです。それは、自分自身から出たことではなく、神からの賜物です」（エペソ二・八）と、使徒パウロが証言しているのはこのことである。

主は、バプテスマのヨハネを「女から生まれた者の中で、ヨハネよりもすぐれた人は、ひとりもいません」と言われながら、「しかし、神の国で一番小さい者でも、彼よりすぐれています」と語り、その新しい世界、神の国、福音のすばらしさを説かれたのである。

それは病気が治るとか、死人がよみがえるといった「不思議」の比ではない。罪人が赦され、神の国の民として受け入れられるという、これにまさる「不思議」はない。しかし世の人は、その「不思議」を知らない。それを告げても喜ばない。

「では、この時代の人々は、何にたとえたらよいでしょう。何に似ているでしょう。市場にすわって、互いに呼びかけながら、こう言っている子どもたちに似ています。『笛を吹いてやっても、君たちは踊らなかった。弔いの歌を歌ってやっても、泣かなかった』」（ルカ七・三一、三二）と、主が嘆かれたが、このことは昔も今も変わらない。しかし、知恵の正しいことは、そのすべての子が証明する、と言われたことばのあと、ルカは一つの話を物語っている。

罪を引き受けるおかた

パリサイ人のシモンは、食事を共にしたいと主イエスに申し出たので、主は彼の家に入って、食卓につかれた。

するとその時、その町で罪の女としてさげすまれ続けていた、一人の女が主イエスのことを聞いて、香油が入れてある石膏《せっこう》のつぼを持って来て、泣きながら、主イエスのうしろに座り、その足もとに寄り、涙でその足をぬらし、自分の髪の毛でぬぐい、そして主の足に接吻して、香油を塗った。

その有様を冷ややかに見ていたパリサイ人シモンは心の中で言った。

「この方がもし預言者なら、自分にさわっている女がだれで、どんな女であるか知っておられるはずだ。この女は罪深い者なのだから」（ルカ七・三九）。

すると主は、彼のこのような心を見抜かれ、シモンに向かって、一つのたとえばなしをなさった。

「『ある金貸しから、ふたりの者が金を借りていた。ひとりは五百デナリ、ほかのひとりは五十デナリ借りていた。彼らは返すことができなかったので、金貸しはふたりとも赦してやった。では、ふたりのうちどちらがよけいに金貸しを愛するようになるでしょうか』。シモンが『よけいに赦してもらったほうだと思います』と答えると、イエスは、『あなたの判断は当たっています』と言われた。

そしてその女のほうを向いて、シモンに言われた。『この女を見ましたか。わたしがこの家にはいって来たとき、あなたは足を洗う水をくれなかったが、この女は、涙でわたしの足をぬらし、髪の毛でぬぐってくれました。あなたは、口づけしてくれなかったが、この女は、わたしがはいって来たときから足に口づけしてやめませんでした。あなたは、わたしの頭に油を塗ってくれなかったが、この女は、わたしの足に香油を塗ってくれました。だから、わたしは言うのです。「この女の多くの罪は赦されています。というのは、彼女はよけい愛したからです。しかし少ししか赦されない者は、少ししか愛しません。」』。

そして女に、『あなたの罪は赦されています。』と言われた。すると、いっしょに食卓にいた人たちは、心の中でこう言い始めた。『罪を赦したりするこの人は、いったいだれだろう』。しかし、イエスは女に言われた。『あなたの信仰が、あなたを救ったのです。安心して行きなさい。』」（同七・四一～五〇）。

福音書記者ルカは、この物語を語りながら罪の赦しの「不思議さ」を語り、主イエスによってもたらされた「赦し」の世界、新しい世のすばらしさを証言している。彼は三七節に「その町で罪の女であった」（口語訳）という過去形でこの女を紹介している。それに反して、三九節のシモンのことばでは「罪の女なのだ」（口語訳）と、現在形をもって語らせている。ここに罪の恐ろしさがあり、赦しの不思議さ、喜びがある。すなわち、罪は一たび犯したならば、それはいつまでも現在形である。

わたしが小さい時、近所にみんなから「こんじん」と呼ばれている人がいた。「こんじん」とは、わたしの育ったころ、一文菓子屋で売られていた最下級のお菓子であった。麦の粉を飴《あめ》でねりまるめた小粒のお菓子である。一銭で十個もらえるようなもので、わたしもよく食べたものである。

このような菓子の名が、この人につけられていたのは理由があった。それはこの人が小さい時、この「こんじん」なるお菓子を一つ盗んだのである。それを見つけられ、「あれはこんじんを盗んだ奴《やつ》だ」ということで、みんなが彼のことを「こんじん、こんじん」と呼んでいたのである。

本人はそのことばを聞くたびに、どんなに恥ずかしい思いをしたことであろう。そんな人の心も察せず、わたしたちは平気でそう呼んでいたのである。

それから約四十年も経った先日、わたしは田舎に帰って、弟の自動車に乗せてもらって、彼の家の前を通った。その家は昔も貧しい家であったが、そのまま古ぼけて建っていた。「これ『こんじん』の家とちがうか、あの人どうしてる」。

わたしは不用意にも、弟にこう聞いた。
「『こんじん』はもう十年も前に死んだ。いま『こんじん』の子がお好み焼屋をしとるんや」。
わたしは弟のこのなにげないことばを聞いてはっとした。たった一粒のこんじんを盗んだという罪が、五十年後の今日も生きている。その子供にまで及んでいるという事実。なんと恐ろしいことであろう。

罪はこのようにいつまでも現在形をとるものである。そこに罪の恐ろしさがある。わたしはこの時、まざまざとその罪の恐ろしさにふるえる思いがした。まことに、シモンがあの女を見て、いつまでも「罪ある女」と言ったのも、その罪の恐ろしさを示すものである。

しかし、聖書は罪の恐ろしさを教えるものではない。主イエス・キリストは、あのシモンが心の中で「もしこの人が預言者であるなら、自分にさわっている女がだれだか、どんな女かわかるはずである」（ルカ七・三九、口語訳）といったような預言者ではなかった。彼は罪をいいかげんに見逃すかたではない。しかし、その罪の恐ろしさのゆえに、罪を悲しみ、罪を引き受けるかたなのである。

彼は、私たちのそむきの罪のために刺し通され、
私たちの咎のために砕かれた。
彼への懲らしめが私たちに平安をもたらし、
彼の打ち傷によって、私たちはいやされた。

…………

しいたげと、さばきによって、彼は取り去られた。
彼の時代の者で、だれが思ったことだろう。
彼がわたしの民のそむきの罪のために打たれ、
生ける者の地から絶たれたことを。（イザヤ書五三章）

預言者イザヤをとおして告げられたこの主のしもべこそ、主イエス・キリストであったのである。

ヤクザの親分の回心

ある時、わたしの教会の青年が、病院伝道を始めたことがあった。普通、病院伝道という場合、キリスト教の話を聞きたい人に対してなされているが、わたしたちの場合は、国立病院に入院している全患者を対象になされた。それは主イエス・キリストによらなければ救われないし、このかたにより頼む時、どんな人も救われないことはない、という信仰に立ってなされた。

彼らは毎週礼拝が終わると、祈禱会をなし、教会がつくったトラクトをもって、各部屋を訪問し、それを手渡して来るのである。全患者を対象としたゆえに、拒絶されたり、ののしられたりすることもあった。また病院からしかられたり、邪魔者扱いを受けることもあった。でも彼らは、そうしたことにひるまず、信仰の情熱をもって、謙遜の限りを尽くしながら、病床訪問伝道をして回った。

ある日のことである。彼らの一人がいつものように病室のドアをノックして入った。入ったとたん、どうもその部屋の様子が他の部屋とちがっていた。ものすごい目つきの男がじっと彼を見つめていた。

「なんじゃ」

彼はドスのきいた声で、見知らぬ男の訪問をけげんそうに見ながらどなった。

「ハイ、ぼくはキリスト教会の者ですが、これを読んでいただきたいと思ってまいりました」

彼は少々あわてながら、かろうじてこう言って、トラクトをそこにおいて退散しようと思った。ところがこの男が、

「キリスト教?　キリスト教ってなんじゃ。話してみい。おれは字を知らんから、こんなものを持って来ても読めん」

と言った。彼はおどおどしながら、

「ぼくはうまく話せませんから、来週牧師に来てもらいます」

と言ったが、彼は、

「牧師など来んでもええ、お前が話をせえ」

と言った。全く命令である。仕方なく、彼はあらん限りの知識を傾注してキリスト教のことを語った。

「そんなむつかしいこと、わからん」。

まったく無礼なことばである。話せと言うから話したら、わからんと言う。しかし、こうしたやりとりから、この青年とこの男の間に、何か通ずるものが生まれた。彼がおじゃましました、と言ってその部屋を出ようとすると、

「来週牧師など来んでええ、お前が来い」

と言われた。実は、この男、ヤクザの親分であった。血液の病気で入院して来たが、看護婦さんも恐れて、あまり近づかないという状態であった。

何も知らぬ彼は、このヤクザの親分のところに行き、だんだんとその知遇を得るようになった。そして何日か経った時、この男は、イエス・キリストがわたしたちの罪のために十字架について死んでくださったということを聞いた時、泣きじゃくりながら、そのことに感謝するようになり、とうとう信仰を告白し、病床で受洗した。

「Hさん、あなたは主イエス・キリストが、あなたの罪のために十字架について死んでくださったことを信じますか」。

両方の腕に点滴の針を突っ込んだ重症の彼に向かって、わたしは信仰告白を求めた。もはや声も出ない。体も動かせない苦しい状態の中で、彼はわたしのこの問いに答えて、わずかにうなずいた。その顔をじっと見つめていると、目に涙がいっぱいたまり、やがてそれが目尻から耳のほうに流れていった。

彼は受洗してまもなく天に召された。その顔は以前のようなスゴミのある顔ではなく、母のひざにいだかれた幼な子のような安らかな顔であった。彼の最期は実にりっぱであり、その死の様を見て、多くの看護婦が求道を始め、信仰に入った人も幾人かあった。

彼もまた、「あなたの罪は赦された。安心して行きなさい」との主のおことばを聞いたのである。それは一粒の涙ではあったが、あの罪ある女が、主の足を洗った涙と同じように、罪赦された大いなる喜びの涙であった。どこへ行っても、何をしても消すことのできない罪。その罪を贖うために来てくださった主イエスは、罪に泣く者だけが喜べるおかたなのである。

ある時わたしは、一人の受刑者を引き取って世話をしたことがあった。彼がわたしにこんなことを言ったことがあった。「教会って、変わったところですなあ。教会の人はみんないばって『わたしは罪人です』と言っている」。

「わたしは罪人だ」ということは恥ずかしいことである。受刑者として、幾年かを過ごして来た彼にとって、自分が「罪人である」ということは恥ずかしいことであり、隠しておきたいことであった。それだのに教会の人は堂々とそれを言っている。これが彼にとって不思議でたまらなかったのである。

もちろんそれは、キリストの赦しを知らされているがゆえのことであるが、それと共に、ほんとうに「罪人である」ということが悲しいこと、恥ずかしいこととして、心のうずきになっているかどうか、もう一度自分を吟味してみることも大切なことではなかろうか。

そうでないと、あのシモンのように、せっかくのキリストを迎えながら、心は不平で満ちている結果となる。主イエスは、罪の告発者としての預言者ではなく、罪を負う救い主として来られたのである。そのゆえに、罪に泣く者だけが、主と喜ぶことができるのである。

一八　天国の論理

「罪の女」がそのままで赦される。パリサイ人シモンには、これは受け入れがたい事柄であったにちがいない。

初代教会において、パリサイ人サウロがキリスト者迫害に躍起になったのも、のちに回心した彼を殺害しようとしたユダヤ人も、みんなこのメッセージにつまずいたのであった。

たしかに「罪人」がそのままで赦されるという論理は、人間の論理ではない。だから、このことばにつまずき、反発するのは当然である。しかし聖書には、このような論理がよく出てくる。たとえば、主イエスが語られた「ぶどう園」のたとえがそれである（マタイ二〇・一～一六）。あるぶどう園に労働者が雇われて来た。ある者は夜明けから雇われて働いた。九時から雇われて来た者もあった。十二時、三時にも幾人かの労働者が雇われて来た。ぶどう園の収穫期であったのか、主人はなお五時に出かけて、むなしく路傍に立っている労働者を雇ってきた。

そして、やがて六時になり、ぶどう園の主人は、労働者にそれぞれ賃金を支払うことになった。その時、彼は管理人に向かって、「労働者たちを呼びなさい。そして、最後にきた人々からはじめて、順々に最初にきた人々にわたるように、賃銀を払ってやりなさい」（八節、口語訳）と命じた。

そして、五時から来た者が来て、一デナリの賃金をもらった。それを見ていた最初からの労働者は、自分はもっと多くもらえるだろうと思っていたが、やはり一デナリしかくれなかった。そこで不平をもらし、「この最後の者たちは一時間しか働かなかったのに、あなたは一日じゅう、労苦と暑さを辛抱したわたしたちと同じ扱いをなさいました」(一二節、口語訳)と言った。

それに対して主人は、「君と一日一デナリの契約をしたのだから、わたしは不正をしていない」と主張し、五時からの者に一デナリを与えたのは自分の自由意志によるのだと告げた。

わたしたちは、このことばにもかかわらず、主人の態度に対して、なお十分な納得をすることができないのではなかろうか。

「それにしても、どうして五時から来た者に真っ先に支払わねばならないのか」と思う。主イエスは、このたとえを語る前に、「天国はこのようなものである」と語られている。

一時間しか働かなかった者から賃金が支払われるということは、天国の論理なのである。そのゆえにわたしたちには十分に納得できないのである。しかし、天国の論理は理解すべきものではなく、受け入れるべきものなのである。

赦されている主人

ある時、一人の婦人がわたしを訪ねて来た。一見して大きな苦しみの中にあることがわかるほど、彼女の顔は暗かった。彼女は初対面のわたしに、何一つ包み隠すことなく、自分たちの家庭の状態を話してくれた。原因は、他に女性をつくった彼女の夫にあった。

彼は自分たちの家の近くにアパートを借り、そこにその女性を囲っているのだそうである。夕方、買い物をし、幼い子の手をとって帰る途中、アパートの前に駐車している夫の車を見ると、彼女は自制心を失い、思いが転倒してしまう。母の異常さにおびえ、泣き叫ぶ子、全く修羅場のような状態がくり返された。生きる希望を失い、あの若き日にいだいた信仰もかげろうのように消えてしまい、女の醜い性《さが》だけがうごめいている。こうした生活の中で、彼女はわたしの書いた小冊子に触れ、わざわざ訪ねて来たというのである。

彼女は、思いつめたような表情でこう言った。

「先生、どんな仕事でもします。わたしたちをあわれと思われたら、この牧師館においてください」

わたしは返事に困った。もちろん母子三人をわたしたちの家庭に迎えることは、わたしたちにとってたいへんなことである。しかし、わたしが返事に困ったのはそのようなことではなかった。彼女の願いを聞き入れてあげることが、ほんとうに彼女にとって最善のことであるかどうかということであった。

わたしに寄寓しても、問題からの逃避にはなっても、問題の解決にはならない。逃避がまちがっているのは、それが単に問題の引き延ばしで、解決でないところにある。

しばらくして、わたしはこんなことを言った。

「よろしい。置いてあげましょう。ただし、いまから三つの質問をしますが、それに答えられたらのことです」

わたしはそう言って、彼女に三つの質問をした。

「第一、イエス・キリストの十字架は、あなたの罪のためのものであり、あなたはこの十字架によって自分の罪が赦されたことを信じますか」

彼女はクリスチャンであるから、当然「はい」と答えた。

「第二、イエス・キリストの十字架は、世界人類すべての人の罪のためであり、そのゆえに、人類すべての罪は、イエス・キリストの十字架によって赦されることをあなたは信じますか」

これは聖書の説くところであるから、彼女は「はい」と答えた。

「第三、聖書の中に『キリストは彼のためにも、死なれたのである』と記されてありますが、このことはイエス・キリストの十字架によって、あなたのご主人の罪も信仰によって赦されるということです。あなたはこのことを信じますか」

彼女は、この第三の質問に対しては、意外なような顔をして、「はい」と答えなかった。そこでわたしは、

「あなたは世界人類のすべての罪が、イエス・キリストの十字架によって赦されていることを信じ、聖書に、主はあなたのご主人のためにも十字架につき、その贖いをされているのだと、記

してあることを認めながら、どうして、そのご主人の罪が赦されることを信じないのですか。あなたのご主人は世界人類の一員ではないのですか。あなたのご主人は火星人ですか」

彼女は、わたしのこうしたことばを身じろぎもせずに聞いていた。

「あなたは、自分に罪を犯す主人を見ているから愛せないのです。あなたのご主人の罪は、信仰によって赦されるのです。極言すれば、あなたのご主人は赦された罪人なのです。イエスさまが十字架についてまで赦したもうご主人を、なぜあなたは愛せないのですか」

しばらく黙って聞いていた彼女は、顔をきっとあげ、

「ありがとうございました。これから、主人がどんなことをしても、イエスさまが赦される主人として愛していきます」

涙がほおをつたって流れていた。しかし、それは単なる感傷の涙ではなかった。新しい決意への涙であった。彼女は二人の子供の手を取って帰って行った。

彼女は帰る途中、ずーっと、「主が赦される主人、イエスさまが赦される主人」と、何度も何度も言い続けながら帰って行ったそうである。それからの彼女の生活は、ただこの一事、「主が赦される人」として夫を見、どこまでも主に愛されているこの人を愛していかなければ、わたしの信仰は告白とはならないと思い、自分に言い聞かせながら、その夫を愛していった。

十月も終わりに近づいた時、私は彼女から一通の速達郵便を受け取った。急いで開けて見ると、その中から次のような文面の手紙が出てきた。

「先生、不思議なことが起きてきました。主人は最近まっすぐに家に帰って来て、ずっと家にいるのです。どうしてかわかりません。たずねようかと思いますがこわいのです。もう十日も続いております。先生、お願いです。どうぞこの状態がずーっと続きますように祈ってください」

ハレルヤ！　まことに愛はすべてを全うする帯であった。こうして、この家庭は回復し、彼女は現在、時を惜しんで伝道している。市場で出会った人にも、ＰＴＡでいっしょになった人にも、彼女は聖書を贈り、私の小冊子を贈って福音を伝えている。そうせずにはおれないのである。すべての人にもたらされたこの福音を思うとき、彼女はだれにでもそれを伝えずにはおれないのである。

実を結ぶ

「罪を犯している主人が、そのままで赦される」というようなことは受け入れがたい事柄である。しかし、主イエスが十字架におつきになったゆえに、これが事実となったのである。

そのゆえに、この使信は神の論理であり、神の国からのメッセージである。ヨハネはこの使信を「神は、実に、そのひとり子をお与えになったほどに、世を愛された。それは御子を信じる者が、ひとりとして滅びることなく、永遠のいのちを持つためである」（ヨハネ三・一六）と語っている。

この神の国の福音によって、どんな人も自らの滅びに泣く必要はなくなったのである。どのような人も、この福音によらずして、その罪が赦され、救われることはなく、どんな人もこの福音によって、その罪が赦され、救われない者はいない。まさに福音は「すべての民に与えられる大きな喜び」である。

主イエスは、この神の国の福音を携えて、ガリラヤの町々村々をめぐり歩いた。マルコは、「わたしはこのために出て来たのだ」と言われた、主イエスのおことばを伝えて、主がいかに福音の宣教に力を注がれたかを証ししている。

その主の宣言に耳を傾け、それを信じるとき、七つの悪霊にとりつかれた、マグダラのマリヤのような絶望的な状態にある者も、健康を回復することができたのである。そして、このような新しい神の国の秩序の中に入れられた人々、とくに多くの女性たちは、「自分たちの持ち物をもって一行に奉仕した」。

いずれの時代にも、宗教にとって「奉仕」は当然の結実である。「奉仕」を生まないような宗教は、ほんとうの宗教ではない。しかし「奉仕」は宗教の「結実」であって、「目的」ではない。また「手段」でもない。

渡辺信夫牧師は、その著『マルコ福音書講解説教I』の中で、シモンの姑が主イエス一行をもてなしたという記事に関して、次のように語っておられる。

「熱が引いて、しゅうとめはイエスの一行をもてなしました。奉仕をしたのです。病気の間、したくてもできなかったことを、なおったからしたのです。極めて自然なことです。しかし、しばしば病気の癒えていない人が奉仕をはじめます。奉仕が大事だといって、病人を働かせることが、まれではないのです。つまり、罪の赦しを確かにとらえていない人が『奉仕』の掛け声で駆り出されているのです。奉仕する満足感は、ひとときは罪の赦しの確信の稀薄による不安をまぎれさせるでしょう。しかし、それは一時しか持続できないのです。そのような不幸を、わたしたちは数多く見てまいりました。

まず、罪のゆるしをしっかりと受けとめなければなりません。主は御手を差し伸べたまいます。わたしたちは、わたしたちの手をかれにあずけましょう。わたしたちの手の力は弱くても、かれがしっかりとらえてくださいます」

教会にとって大切なことは、「罪の赦し」の宣言である。それは教会だけが担わされているものである。そして、この宣言のみが人をして新しい人生に生かしめるのである。もし、教会がこのことをおろそかにして、他の何かに躍起になるとき、それがどんな人々の求めるところであり、世の評価を受けることであったとしても誤りである。

なぜならば、人はこの神の国の宣言を聞くことなしに、本来の自分を回復することができず、この使信を聞く時、たとえどんな状態の中にあろうとも、そこから真の生活が始まるからである。主イエスが福音の宣教をもって、ご自身のわざとされたように、キリストのからだなる教会もまた、きょう「罪の赦し」の宣教をもって本来の務めとすべきである。これを軽んじ、これから逸脱することは、きょうの世に遣わされた使命を失うことである。

さて、神の国の福音は正しく語られることと共に、正しく聞かなければならない。まさに「聞く耳」をもって聞かれなければならない。そこで主イエスは、神の国の福音を聞こうとして集まって来た人々に向かって、一つのたとえ話をされた。

ある農夫が、種を蒔きに出て行った。蒔いているうちに、ある種は道ばたに落ち、踏みつけられ、そして空の鳥に食べられてしまった。云々。

有名な種蒔きのたとえである。マルコは「イエスは、このような多くのたとえで、彼らの聞く力に応じて、みことばを話された。たとえによらないで話されることはなかった」（四・三三、三四）と注釈している。

たしかに主イエスは、巧みにたとえを用いてみことばを語っておられる。説教は難解のゆえにありがたいのではない。学問的であるがゆえに尊いのでもない。説教の生命はわかること、だれにでもよくわかることである。その意味において、主イエスはすばらしい説教家である。彼はだれにでもわかるように、巧みにたとえを用いられた。

さて、この種蒔きのたとえでは四つの場合が言われている。道ばたに落ちた種、岩の上に落ちた種、いばらの中に落ちた種、良い地に落ちた種。道ばたに落ちた種とは、聞いたみことばが、「悪魔によってその心から奪い取られた人たちのこと」、岩の上に落ちた種とは、「根がないので、しばらくは信じていても、試練の時が来ると信仰を捨てる人たちのこと」、いばらの中に落ちた種とは、「生活の心づかいや快楽にふさがれて、実の熟するまでにならない人たちのこと」、良い地に落ちた種とは、「正しい良い心でしっかりと守り、耐え忍んで実を結ぶに至る人たちのこと」。おそらく、この主イエスのお話を聞きながら、「ハッ」として回りの人たちの顔をそっと見回した人が多かったことであろう。わたしたちは信仰の実を豊かに結んでいる人たちを見る時、ただにそのような人をうらやんでみたり、自分だけが神からの恵みにあずかれないと、心ひそかにひがんでみたりする。しかし、わたしたちが恵みにあずかれず、信仰の実りを多く得られないのは、すべて、わたしたちのがわに原因があるのである。

わたしの聞き方、受けとめ方に問題があるのである。わたしたちがみことばを聞いたとき、それをどこまで大事にしているだろうか。世の思いや人の常識のうず巻く中で、どのように守っているだろうか。

ある姉妹から、こんな便りをもらったことがある。

「アシュラムから戻ってきてから、少々早起きをし、回りが静かなうちに、じっくり聖書に聞き祈ることができておりますこと、ほんとうに感謝しております。マタイ伝を読み始めたのですが、四章、イエスさまが悪魔に試みられるところで、主は『と書いてある』と三度おっしゃっておられます。聖書にこう書いてあるのだから、そのことは絶対確実なのだという恐ろしいほどの聖書に対する信頼、そのことを学びました。私は聖書に書かれていることを、どれほど信頼し、確実視して生きているだろうかと、深く反省させられ、『書いてある』ということをもって、サタンが退いたということに希望を抱きました」

これがみことばに聞く「良い地」の状態ではなかろうか。このような深い信頼と、大いなる期待をもってみことばを聞き、受けとめていくとき、みことばそのものが多くの実を結ぶのである。だから、わたしたちにとって、みことばを「どう聞くかに注意する」ことが大切なのである（ルカ八・一八）。聖書のすばらしさは、その説くところにあるのではなく、それが聞かれ、受け入られるところに現われてくるものである。

このみことばを聞くことをおろそかにして、どのように研究がされても、それはちょうど種を顕微鏡で分析しているようなものであって、そこからは生命の実をみのらすことはできない。主は集まって来た群衆に向かって、このたとえをもって、まず自らに目を注ぐことに注意を喚起《かんき》し、それぞれがいのちの実を豊かに実ることを求められたのである。

一九　突風を突き破って

マルコの福音書六章三節によると、主イエスはナザレの人たちから「マリヤ」の子と呼ばれている。このことは、彼の父ヨセフは早く世を去っていたことを示している、と言われる。また、主イエスには、弟が四人、ヤコブ、ヨセ、ユダ、シモンと妹二人以上がいたようである。夫に早逝され、これらの子供を育てていくことは、マリヤにとってたいへんなことであったろうと思う。自然、長男の主イエスをたよりにし、彼もまた、貧困の家庭のためによく尽くしたことであろう。

しかし、人にはその人に与えられた神よりの使命がある。まして、主イエスにおいては、単に家を助け、母に仕えることが生まれてきた目的ではなかった。彼は時が満ち、神よりの召しを受けた時、愛する家を残して、敢然と立ち上がったのであった。のちに彼の弟子たらんことを願い出ながら、家族の者に別れを告げに帰ることを申し出た人に対して、「手を鋤《すき》につけてから、うしろを見る者は、神の国にふさわしくありません」（ルカ九・六一以下）と、きびしい態度を示された主イエスはまさにそのきびしさに生きておられたのであろう。

また、苦しい十字架上から、残る母への気遣いをされた、あのやさしさは、人の子イエスの真実の姿でもあったにちがいない。彼は家や家族を捨てたのではなく、神の召しに従って生きたのである。わたしたちにとっても大切なことは、家を捨てることではなく、主に従うことである。ある人にとって、主に従うことが家を捨てることであり、あの人にとっては家に仕えることである。このことを誤ってはならない。

しかし、主イエスの行動は、家族の者には十分に理解されなかったようである。いな、マルコの記事によると、全然理解されず、「気が狂ったのだ」と思われたようである。たとえそれが、血肉を分けた親であれ、あるいは最も近い夫や妻であれ、計る尺度が違えば、正しく理解できないのは当然である。理解してくれないと嘆くこと自体おかしい。また、神のみ旨に生きながら、それを人に理解せよと求めること自体無理である。

神に喜ばれようと願いながら、人にも感心してもらおうと思うことはまちがいである。そのような者は、「二心の者」（ヤコブ四・八）である。「世を友とするのは、神への敵対である」（ヤコブ四・四、口語訳）。

死人を葬ることは死人に任せて

私事にわたって申し訳ないが、わたしは先日母を天に送った。伝道の多忙のゆえに、ゆっくりと病床につきそうこともできなかったわたしは、病状を案じながら、特別伝道集会のご用のために埼玉県に出かけていた。夜の集会が終わってしばらくした時、家内から電話があった。

「びっくりしたらあかんよ。お母さんがさっきなくなったそうよ、どうする?」

わたしは長男である。こういう時には、全責任を負って、一つ一つを処理していかねばならない。ところが集会はまだ一日残っている。瞬間わたしの頭をかすめたものは、「その死人を葬ることは、死人に任せておくがよい。あなたは、出て行って神の国を告げひろめなさい」(ルカ九・六〇、口語訳)との主のおことばであった。

「仕方がない。集会が終わってから、できる限り早く帰る。とにかく君はすぐに帰ってくれ」

もう一日ここにいても、なんとか葬儀に間に合うだろうと思ったのである。

「それでいいの?　みんな帰って来てるそうよ。そうそう、お母さんの枕元の聖書の中に、〝行きし子が来るか来るかと待ちわびて、今日もさびしく日は暮れぬ〟といううたがはさんであったそうよ。できるだけ早く帰ってね」

家内からの電話が切れた途端、わたしの胸は早鐘のように鳴り出した。目の奥から涙がにじみ出てきて困った。重症の病床をたった一日しか見舞ってあげなかった自分。だれよりもわたしの帰って来るのを待ちわびていた母の心。自動車の音に、もしやと期待し、玄関の戸のあく音に、あるいはと耳をすませながら、むなしく待ちわびていた母。

長男として特別に愛され、信頼され、わたしの入信の時も、親族みんなが反対する中で、「保郎の考えはまちがっていないと思います。わたしに免じてゆるしてやってください」と、両手をついて謝ってくれた母。なんとかキリスト教信仰を持とうと、因習の強い田舎で、一生けんめいに聖書を読み、わたしのテープを聞き、ついに七十歳を越えてから洗礼を受けてくれた母。わたしはその夜一睡もせず、ありし母のことを思い出した。

「お母ちゃん、今夜はゆっくり話をしようね」

わたしはひとりごとを言いながら、小さい時からのいろいろな思い出を思い、生まれてはじめてゆっくりと母と二人きりで話をすることができた。

しかし、耳の奥に残ったあの〝行きし子が……〟をふっと思うと、胸がせきあげてきた。一昨年、洗礼を受けてくれた母は、わたしの気持ちはわかっていたはずである。わかっていたからこそ、あのようなうたをうたったのであろう。それは神への訴えでもあったのである。

「すまなかったねえ、お母ちゃん」

幼な子が声を張りあげて泣き叫ぶように、わたしもこの時大声を張りあげて泣きたかった。ところが、その時、わたしはふとイエスさまのことを思い出した。

神に従うゆえに、母をも弟妹たちをも捨てなければならなかったイエスさま。そのイエスさまをあれこれ思っていた時、たいへん大それたことばであるが、自分がイエスさまと同じ経験をしているんだと思った。

その時、ほんとうに身近に手の届くようなところにイエスさまがいてくださることを覚え、高ぶっていたわたしの心はだんだんと静かになり、母の死の悲しみ、何一つ母のためにしてあげられなかった悔いも、みんなイエスさまのところで溶けていくように思えた。そして、わたしはルカの福音書八章一九節以下を開いて読んだ。

「わたしの母、わたしの兄弟たちとは、神のことばを聞いて行なう人たちです」

この主イエスのおことばは、肉親に対する冷たいことばや、独善的なことばではなく、いささかなりとも主のみ跡に従う者にとって、神のおことばを聞いて行なうゆえに、味わわねばならぬ寂しさ、切なさの中で聞く慰めのことばであることを、わたしはこのたびの事柄をとおして示された。

主イエスが人間的な情感などを無視されるかたではない。ただ、神の召しは往々にして人間的な情愛を越えさせることがある。たとえ人間的情愛がどんなに美しく、温かいものであっても、そのもの自体は過ぎ行くものであり、枯れていくものである。

わたしたちは永遠に残るものに生きてこそ、真の人生である。だから、真理のために情愛を越えることに勇敢でなければならない。しかし、それは捨てることではなく、耐えることであり、そこでわたしたちは、耐えたもうた主イエスとの新しい交わりを味わうことができるのである。

墓場に住む悪霊につかれた人

このような事件の後、主イエスは弟子たちを伴って、「湖の向こう岸へ渡ろう」と言われた。向こう岸とはゲラサ人の地、異邦人、汚れた人たちのいるところである。現在この地がどこであったか、決しがたいそうである。

「大ぜいの群衆が集まり」、「人々がぞくぞくと押し寄せて」来たようなこちら側とは違って、悪霊が支配し、豚が飼われ（その当時ユダヤ人にとっては、豚は汚れた動物とされて、忌みきらわれていた。そういうものをもってゲラサ人は生計を立てていたのである）、一人の狂人が正気に返るよりは、豚二千匹の犠牲のほうを恐れる人たちの住む所であった。しかし、主イエスはそこへ行こうと言われたのである。そして彼らが船出してまもなく、突風に遭い、彼らの乗っていた船は水をかぶって危険になった。弟子たちは「先生、先生。私たちはおぼれて死にそうです」と叫んだと記されている。

弟子たちの中には、少なくとも四人の漁師がいたはずである。彼らは何度もこういう危険に出会い、それを乗り越えて来た、いわばガリラヤの湖に関しては熟練者であったはずである。その彼らが「死にそうです」と叫んだというのだから、よほどの危険が迫っていたことであったろう。

そして、いくら突風とは言え、何かその前ぶれがあったにちがいない。ラジオやテレビで天候の予報を聞くことのなかった当時の漁師たちにとって、ディーゼル機関などの設備がなく、ろを漕いで帰って来るしかなかった彼らにとって、空を見分ける能力がなかったら、命がいくらあっても足らなかったことであろう。

どのへんにどんな雲が出て来た時、天候がどのように変わるか、そういうことをわきまえていた彼らは、主イエスの船出に対して、意見を述べたことであろう。

「いくらなんでも、それは無理です。私たちが死んでしまいます」

と訴えたことであろう。でも主は、船出されたのである。

そしていま、彼らの予想どおりに突風が吹いて来たのである。なぜ主イエスはそれまでして、「向こう岸」に渡ろうとされたのであろうか。それは「悪霊につかれた」一人の人の魂を救うためであった。

墓場を住み家としている男、レギオンと自ら名乗る悪霊につかれた人。主イエスはこのたった一人の狂人を正気に返すために、あえてこの地に渡って来られたのである。やがて正気になったこの男は、うれしさのあまり、お供をしたいとしきりに願い出た。しかし、主はその願いをお聞き入れにならず、「家に帰って、神があなたにどんなに大きなことをしてくださったかを、話して聞かせなさい」と諭された。

神のあわれみ、主の恵み、わたしたちは日夜これを求めて生きている。だが、それがこんなに大きな犠牲のもとにわたしたちのもとにもたらされるものであることを忘れているのではなかろうか。

犬が主人にえさを求めるように、ただ無責任に、恣意《しい》に求めているのではなかろうか。

昔、ダビデ王がペリシテ人と戦った時、のどの渇きをおぼえ、「だれかベツレヘムの門のかたわらにある井戸の水をわたしに飲ませてくれるとよいのだが」と切に望んだ。そこで三人の勇士が主君のためにペリシテ人の陣営を突き通って、望まれたように、ベツレヘムの門のかたわらにある井戸の水を汲み取って、ダビデのもとに携えて来た。

ところが、あれだけ切望したダビデがそれを飲もうとせず、主の前にそれを注いで、「主よ、わたしは断じて飲むことをいたしません。いのちをかけて行った人々の血を、どうしてわたしは飲むことができましょうか」と言った。

わたしたちは、この故事を読む時、せっかく汲んで来たのに、と思う。しかし、それがどんな危険をおかして得て来たものであるかを、よく知っていたダビデにとっては、それで自分ののどの渇きを潤して喜ぶことが、どうしてもできなかったのである。部下のこの好意に対してでもかく処したダビデに比べ、主イエス・キリストにおいて、わたしどものところにもたらされた恵みは、その比ではない。神の子が事実、このわたしの罪の赦しのために死んでくださったのである。しかも、わたしの受くべき恥とのろいを受けて。わたしたちはこの恵みをどれだけ真剣に受けとめているであろうか。

ゲラサ人たちは、主イエスによって失った豚二千匹のゆえに、「自分たちの所から立ち去ってくださるようにとイエスに頼んだ」。なんと愚かなことであろう。しかし、わたしたちはこれを笑い、その愚行を責めることができるだろうか。少しの犠牲のゆえに奉仕を平気でことわる。そして、さしつかえない程度に献金をすませ、都合のつくかぎりの教会生活に事足れりとする。

果たしてこれが、命を捨ててくださったかたに対する真実な態度であろうか。わたしたちの信仰は、主イエス・キリストの事実に根ざしたものである。主イエスがこのわたしの罪のために死んでくださったがゆえに、わたしたちはキリスト者なのである。だから、わたしたちの信仰生活はすべてこのかたのゆえになされるものなのである。それにしてはあまりに不真実なのではなかろうか。

しかし、悪霊につかれた一人の異邦人のために、突風をも突き破って、ゲラサの地に来られた主イエスは、なんとわたしたちにとって慰め手であろうか。

聖書は、このゲラサの物語を語り終えて、「イエスが帰って来られる」ということばを記している。これは主のゲラサの訪問が、ただこの一人の人の救いのためであったことを示している。

神に対してさえ真実に生きられなくて悲しんでいる友よ、目を上げて見よ。あらしをもいとわず、主はあなたのために近づいて来ておられる。友もなく、墓場のような人生を余儀なくしている寂しい人よ、しっかりと目を見開け。主イエスは真一文字にあなたに向かって近寄って来てお られる。

ヤイロの娘のよみがえり

再びガリラヤに帰って来られた主イエスを、群衆は喜び迎えた。その時、会堂司のヤイロがやって来て、自分の家においでくださるようにと、しきりに願った。

娘が瀕死の重症にあったのである。主はその願いを聞かれて、ヤイロの家に行かれた。ヤイロはどんなに心強く感じたことであろう。それと共に、一足一足、歩いて行くことがどんなにまどろこしく感じたことであろう。

「早く、早く行っていただかないと」と、彼の心はあせっていたにちがいない。群がる群衆をどんなにうとましく感じたことであろう。人間は神の恵みにあずかる時でさえ、自分だけのことしか考えられないものである。

ところが、途中でやっかいな事件が起こった。十二年間も長血をわずらっている女が現われ、主の衣のふさにさわり、その病がいやされたのである。ヤイロはこの事件をどんな目で見ていたことであろう。どんな思いで耐えていたことであろう。「早く行っていただかなければ」との思いが、ますます彼の思いをかりたてていたのではなかろうか。

そんな時、使いの者が来て、「お嬢さんはなくなられました。このうえに、先生を煩わすには及びません」と報告した。最悪の場合がやってきたのである。案じていたことが起きたのである。ヤイロの心はどんなに乱れたことであろう。あの女が現われさえしなければ。

一人が喜べば一人が悲しむ。これがわたしたちの世界である。わたしたちの悲しみはここに由来する。人類は何千年も前から、みんなが喜ぶことのできる世界を夢見て来た。しかしどんな努力もこの人間の性《さが》を超えることができなかった。

「恐れることはない。ただ信じなさい。娘は助かるのだ」

動揺するヤイロに向かって主は語りたもうた。絶望の淵にたたずむヤイロに向かって望みの根拠を示された。みんなが喜ぶことのできる世界。それはただ主イエスのご到来によってのみ実現するのである。

人々はそのメッセージをあざ笑うであろう。しかし、「タリタ、クミ」。このひとことが少女をよみがえらせたのである。そしてヤイロの家にも喜びがもたらされたのである。
この大いなるかたの出現によってのみ、わたしだけがという人間のエゴイズムも初めて超えられるのである。

狼は子羊とともに宿り、
ひょうは子やぎとともに伏し、
子牛、若獅子、肥えた家畜が共にいて、
小さい子どもがこれを追っていく。
雌牛と熊とは共に草を食べ、
その子らは共に伏し、
獅子も牛のようにわらを食う。
乳飲み子はコブラの穴の上で戯れ、
乳離れした子はまむしの子に手を伸べる。
わたしの聖なる山のどこにおいても、
これらは害を加えず、そこなわない。
主を知ることが、
海をおおう水のように、地を満たすからである。（イザヤ書一一・六〜九）

崇高なイザヤの幻は、このおかた、主イエス・キリストによって実現したのである。友よ、あなたはこの恵みに生きているか。

二〇　使徒たちの派遣

主イエスはヤイロの家で、娘をよみがえらされた後、この出来事をだれにも話さないように命じられた、と記されている。これは、主イエスが単に病のいやしのため、あるいは死人のよみがえりという不思議な事を行なうために来たと、人々が誤解するのを恐れられたからであろう。

病気という苦しみ、死という悲しみ、恐れは、人間にとって最大の問題である以上、それが取り除かれることは、人間にとって最上の喜びであって、当然であり、現にその事実を見、それに触れた時、人々が狂喜するのも当然のことである。

しかし、主イエスはそのために来られたのではなかった。これがやがて、人々をして主イエスに失望させ、ついに「彼を十字架につけよ」と叫ばせる結果となる。それでも、主はあえてご自身の道を歩まれたのである。

主イエスは救い主でありたもうたが、威風堂々たる英雄ではなかった。「私たちが慕うような見ばえもない」(イザヤ五三・二) 救い主であられたのである。このことを今日のわたしたちも忘れてはならない。

このように、主イエスは用心深く処せられたにもかかわらず、周囲はその意に反して、反響が大きく広がっていった。まさに事実にまさる雄弁なしである。

そこで主は、十二弟子を呼び集められて、彼らに、すべての悪霊を追い出し、病気を直すための、力と権威とをお授けになり、彼らをご自身のご名代《みようだい》としてお遣わしになった。

その理由について、新約学者D・G・ミラーは次のように述べている。

「イエスが十二弟子を派遣した背後には、二つのことがある。第一に、彼自身の活動の時が短かった。イエスのように群衆を騒がせれば、きっと、すぐに当局と衝突した。ヨハネの経験がそれを示していた。だから、イエスは彼の神の国告知を最も短い期間にできるだけ広めるために、彼の使徒たちに、彼の名において出発することを任命し、その権能を与えた。彼らが派遣された第二の理由は、彼らは、イエスの死後に引き受けるべき仕事に備え始めなければならなかったからである。彼らは、復活後にイエスの名によるわざを、自分たちだけで実行できるようになる前に、イエスの生前に、それを幾らか経験しておく必要があった」。

考えられる理由である。悪魔は主イエスのなされるわざを座視しつつ、おのが滅亡の日をひたすらに待っているはずがない。「悪いことをする者は光を憎み」（ヨハネ三・二〇）とあるとおりである。

わたしたちは、その歩みが無事であることを願いやすい。しかし、わたしたちが願うべきことは、日々の歩みの無事ではなくて、悪魔に勝つことである。

主イエスがこう祈りなさいと教えられた祈り、すなわち主の祈りの中に、「私たちを試みに会わせないで、悪からお救いください」との祈りのことばを教えられたのも、この霊的現実のゆえである。神のみこころに従って生き、神のがわに立とうとする者は、だれでも悪の挑戦を受ける。その意味で悪魔とは引力のようなものだとわたしは思う。引力はじっとしている時には、その存在がわからない。しかし、ひとたび上に向かって飛び上がろうとする時、それを引きずり下ろそうとする力、すなわち引力のあることがわかる。

わたしたちが悪魔の挑戦を感じない時、そして、そのゆえに「主よ、この悪の力からお救いください」と、天の父に向かって呼ばない時、実は神のみこころに従って生きていないのである。しばしば祈りのない行動、祈りを軽視した実践家を見聞きするが、そのような人は社会正義に生きてはいても、神のみこころに生きているとは言えない。そして、わたしたちにとって尊いのは、正義に生きることではなくて、神のみこころに従って生きることである。そこにキリスト者としての限界があり、生き方がある。

力と権威を授ける

主イエスは、十二人の弟子たちを遣わすにあたり、彼らに「すべての悪霊を追い出し、病気を直すための、力と権威とをお授けになった」と記されているが、ほんの少し前までガリラヤで漁師をしたり、町の取税人として、人々にいやしめられながら生きていた彼らである。

いま本人がどんなに改心して出て行ったところで、人々の彼らを見る目は変わらなかったであろうし、また、そのままでは彼らも人々を納得させるだけのものを持ち合わせてはいなかったにちがいない。彼らは「授けられる」ことによって、初めてその使命に生きることができたのである。

その意味で、この「お授けになった」ということばは、重要なことばであるとわたしは思う。それだけが彼らの生命であったのである。そのゆえに、ルカはしばしばこのことを強調している。たとえばルカ二四章四六節以下に、復活の主が弟子たちに語られたおことばが記録されているが、その中で、主は弟子たちが、あらゆる国の人々によき知らせを宣べ伝えるべき使命を与えられていることを強調されたのち、「さあ、わたしは、わたしの父の約束してくださったものをあなたがたに送ります。あなたがたは、いと高き所から力を着せられるまでは、都にとどまっていなさい」と仰せられたことを伝えている。

宣教は急務である。しかし「いと高き所から力を着せられる」ことなしに、いったいだれがこの務めを全うすることができようか。これはまさに「授かる」ことの強調でなくてなんであろう。また、ルカが記したといわれる「使徒の働き」一章四節に、「彼らといっしょにいるとき、イエスは彼らにこう命じられた。『エルサレムを離れないで、わたしから聞いた父の約束を待ちなさい』」。

そして、「聖霊があなたがたの上に臨まれるとき、あなたがたは力を受けます。そして、エルサレム、ユダヤとサマリヤの全土、および地の果てにまで、わたしの証人となります」と言われたことが述べられている。

これまた、キリストの証人たる使徒たちが最も必要とするものは、聖霊を「授かる」ことであるということの強調である。ルカはとくにこのことを、主が「言われた」と記さないで、「命じられた」という強いことばを用いて述べているところにも、使徒たる者の最も大切なものがなんであるかを示していると言えよう。

神の人にとって、なにが最も大切なものであるか、それは旧約の時代から強調されてきたものである。たとえば預言者エレミヤは、

いったいだれが、主の会議に連なり、
主のことばを見聞きしたか。
だれが、耳を傾けて主のことばを聞いたか。
（中略）
わたしはこのような預言者たちを
遣わさなかったのに、
彼らは走り続け、
わたしは彼らに語らなかったのに、
彼らは預言している。（エレミヤ二三・一八以下）

と語って、上よりのものを「授からず」に、自分の思いで語り、行動する、自称預言者たちに対

する神の憤りを伝えている。神の召しを受けずして、同胞イスラエル人を「顧みる心を起こした」（使徒七・二三）モーセは、神からの使者ではなかった。それがどんなに同胞愛に燃え、正義感に基づこうとも、神の召しを受けずになす行為は、しょせん人の「思い立」ち（使徒七・二三、口語訳）に過ぎない。

しかし、この彼が、やがて神から「わたしはあなたをエジプトに遣わそう」と、召し出された時、彼は神の人として、神のご目的のために用いられて、あの出エジプトの大業を成し遂げることができたのである。このように、旧約の時代においても、神から遣わされた者は、神からのものを「授かる」ことがなにより大切なことであった。

今日、教会は世に遣わされたものとしての自覚を持って存在している。一人一人のキリスト者もまた、この世に遣わされたキリストの使者としての召命感を持って生きている。しかし、いったい、わたしたちはあの使徒たちのように、ほんとうに上からのもの、すべての悪霊を追い出し、病気を直すための力と権威を「授かって」いるのだろうか。

わたしたちのどこかに、「自分の心の黙示を語る」（エレミヤ二三・一六、口語訳）ことや、自分の「思い立ち」で行動しているところがないであろうか。それでは悪魔の嘲笑を買うだけであり、たとえどんなに大言壮語しようとも、暗黒の司《つかさ》はびくともしない。

いかなる時も信仰のことばで

あるとき、こんなことを読んだことがある。一人の伝道者のところに、会員がやって来て、彼の勤める会社が、日曜出動制になり、自分は日曜の集会に出られなくなったと申し出た。彼はそのことをたいへん残念に思うと語り、どうしたらよいだろうかと、指示を求めたそうである。すると、この伝道者は、こともなげに、会社をやめたらいいじゃないか、と答えたという。これは全くの暴言に思えた。いったい会社をやめてどうするのか。再就職といっても、そんなに簡単にいくものではない。よし、いったとしても、長い間勤めてきた現在とは、条件もずいぶん悪くなることであろう。その間の生活は、妻子の扶養は、こんなことを考えると、たとえ信仰のゆえといえども、その会社をやめたらいいじゃないか、などとは簡単に言えることではない。

わたしはこれを読みながら、とてもわたしにはそんなことは言えないと思った。まあ仕方がないね、水曜日の祈禱会に必ず出席して、日曜の補いをしなさいよ、と言うぐらいが積《せき》の山であろう。しかし、いったいこのような場合、どういうことがいちばん正しいのであろうか。

昔、イスラエルの民が荒野を旅した時、天よりのマナによって養われた。それは毎朝一日分だけしか与えられなかった。しかし、彼らは七日目ごとに安息日を迎える。安息日には、何のわざもしてはならないゆえに、マナを集めることもできない。そうすると、彼らはその日食べるべきマナがないことになる。ところが神は、モーセに六日目には二日分のパンを与えると言われた。

そこでモーセは、民に向かって「主があなたがたに安息を与えられたことに、心せよ。それゆえ、六日目には、二日分のパンをあなたがたに与えている。七日目には、あなたがたはそれぞれ自分の場所にとどまれ」と告げた（出エジプト一六・二九）。

安息日は、人間が勝手に決めたものではない。これは主が与えられたものである。そのことに心せよ。なんと明快なことばであろう。主が言われ、主が定められたことであるなら、主が責任を持たれる。これがモーセの信仰である。

日曜日を聖なる日として守るということが、人間の決めたことであるなら、それほど真剣になる必要はない。都合第一でやればよい。しかし、それが神の定めであり、神の求めであるならば、その責任は神が持たれるのだから、心配することなしに、まず神の国とその義を求めるべきである。それに対する支障が生じた場合、それがどんなに大切なものであろうと、かまうことなく切り捨てて行けばよい。

このように考えていくとき、先ほどの伝道者のことばは、けっして暴言ではなく、信仰のことばである。このことばが語れないわたしは、人情深いのでもなければ、その人のことを真実に考えているのでもなく、ただ人間的な判断しか持ち合わせていないからなのである。

少しばかりの聖書の知識や神学を持ち合わせているということ、全く人間的な手続きで信仰経験を体得しているということ、そんなことだけで牧師となっているところに、言うべきことも言えず、ただ要領よく、人前をつくろうような牧会しかできないゆえんがあるのではなかろうか。悪魔がびくっともしないようなところでしか、事をなし得ない無力さがあるのではなかろうか。

主は弟子たちを遣わすにあたり、「すべての悪霊を追い出し、病気を直すための、力と権威とをお授けになった」。もし、今日のわたしたちキリスト者が、教会が主から遣わされたものとして存在し、証ししていこうと願うなら、なによりも、この「力と権威」とを、主から「授かる」ことが大切なことではなかろうか。主イエスが「人は、天から与えられるのでなければ、何も受けることはできません」（ヨハネ三・二七）と言われたとおりである。

真実と独立と

主イエスは、弟子たちを遣わすにあたり、三つのことを注意された。一つは旅のために何も持って行くな、二つは家をわたり歩くな、三つは人々が受け入れない時には、さっさと出て行け。

初めて北海道に伝道に行った時、大きなトランクにいっぱい積め込んで行ったところ、その中味を見て、「マスクぐらいは北海道に売ってますよ」と、三浦綾子さんからからかわれたことを忘れることができない。まことに「何も持つな」との、主イエスの戒めからは遠い状態である。

二番目の戒めについて、前掲のＤ・Ｇ・ミラーは、「自分の分け前に満足すべきで、さらによいもてなしを求めて、家から家へと動き回ってはならない」とのことだと説明している。これもまた人間の弱さである。

三つめの戒めは、「時の許すかぎり、〈良い知らせ〉をできるだけ遠くまで伝えるためであった」と、ミラーは注釈しているが、わたしはもっと深い意味があるように思う。

人間は「これ」というものをはっきりと持つと、なかなか共存できにくいものである。共存とは妥協の上にしか成り立たないものではないかと思う。よく内村鑑三先生には、弟子は一人もいなかったと言われる。みんな破門されたわけであるが、この内村先生、そしてその信仰の流れを継承する、いわゆる無教会の人たちは、「独立」ということをよく言われる。「独立」を尊ぶところには共存はむつかしい。しかし、信仰の世界にとって大切なことは、共存ではなくて独立である。独立のない共存など、単なる妥協の集団であって、そこには真実がなく、真実のないところには事は始まらない。

主イエスが「人々があなたがたを受け入れないばあいは」と言われたのは、そういう場合のあることを認めておられるからであろう。

自分が「これ」というものを持って立つとき、それを受け入れない者が出て来るのは当然である。主イエスでさえ、ご自身のことを鮮明に語られた時、「弟子たちの多くの者が離れ去って行き、もはやイエスとともに歩かなかった」(ヨハネ六・六六)と記されている。

そして、ご自身本来に道にのぼられた時、すなわち十字架につけられた時、ただお一人であられた。問題は一人になるほど、それが自分から出て行くにしろ、人々から離れて行くにしろ、おのれのものを持っているかどうかである。

一致や共存は、そうした独立者がそこに立って考え、つとめるべきものであって、そのような主体性を持たずして、あたかも一致することや、共存することが至上のことであるかのごとく思い、行動することは本末転倒である。

牧師が教会に遣わされる場合も、この戦闘の備えを心の底では堅持しておるべきではなかろうか。最近、自分の子供を自分の遣わされた教会の後継者にする傾向が見られる。そのこと自体が善悪の対象とはならないかも知れないが、もしそれが妥協によって生まれているならば、災いである。

福音の宣教者として遣わされた者は、今日もなお主イエスから、二千年昔と同じような戒めを受けているのである。自分に与えられた信仰に対しては一歩もゆずらない。もし、自分の信仰が受け入れられなければ、今日にでも足のちりをはらって出て行く、たとえその行く先はわからなくても。というきびしさを常に持ちつつ、一人一人の信徒に仕えていくところに、主に遣わされた者の道があると信ずる。

三つめの戒めは、共に神に対する、このきびしいまでの信頼に基づくものであって、大切なことは、その信頼を持っているかどうかである。主イエスは今日、わたしに、あなたにそれを問い、かつ求めたもうておられるのである。

二一　五餅二魚の奇跡

主イエスから、「力と権威」を授かって、出かけて行った弟子たちは、村から村へと回りながら、至る所で福音を宣べ伝え、病気を直した。

語るだけならば人は驚かない。たとえそれが、どんなに高邁《こうまい》な教えであろうとも、あるいは感情をそそるような話であろうとも、ことばだけでは人々は感心はしても回心はしない。

戦後、日本の教会で、文芸評論的な説教が流行し、評論家的説教者が重宝がられた一時期があった。人々はこれらの説教を好み、その伝道集会に集まった。しかし、それは人々に知的満足感は与えても、真の悔い改めを迫らなかった。そのゆえに、やがて彼らは、潮が引いていくように教会から離れて行った。当然のことである。

「そこで、彼らは出て行って、至る所で福音を宣べ伝えた。主は彼らとともに働き、みことばに伴うしるしをもって、みことばを確かなものとされた」（マルコ一六・二〇）。

これは、主イエスが復活されて後のことであるが、おそらく「力と権威」を授けられた、この時の弟子たちも同様であったことであろう。福音は常に主が共に働きたもうことによって伝えられて行くのである。

福音が伝えられ、広まって行くにつれて、人々の主イエスに対する関心も強まった。ある者は主イエスを「エリヤが現われたのだ」と言い、また別の人は「昔の預言者のひとりがよみがえったのだ」と言った。

やがて、そのうわさは国主ヘロデのところにまで伝えられていった。国主ヘロデとは、あの主イエスがお生まれになった時、エルサレムに君臨していたヘロデ大王の息子である。彼はヘロデ・アンテパスと呼ばれ、ガリラヤとベレヤの国主となり、紀元前四年から紀元後三九年まで、これらの地方を支配した。彼はアラビヤのナバテア人の王アレタ四世の娘と結婚していたが、ローマを訪れた時、そこに裕福な暮らしをしている兄ヘロデ・ピリポの妻ヘロデヤに心を寄せ、自分の妻を離婚し、ヘロデヤとの結婚を強行した。

この事を知った、当時の預言者ヨハネは、「兄弟の妻をいれるのはよろしくない」と、その非行をきびしく責めた。自分たちの行為を責められた妻ヘロデヤは、ヨハネを憎み、彼を投獄し、ついに彼を殺害させた。

マルコ福音書によると、ヘロデは「ヨハネを正しい聖なる人と知って、彼を恐れ、保護を加えていた」。「またヘロデはヨハネの教えを聞くとき、非常に当惑しながらも、喜んで耳を傾けていた」（六・二〇）と記されている。

ヨハネを自らの手で投獄しながら、彼を恐れ、そのことばに心痛めながら、喜んで教えを乞うていたとは、なんと矛盾したことであろう。ここにヘロデの優柔不断な性格が現われている。肉欲も楽しみ、神にも嘉納されたい、なんと気のよい話かと思うが、これと同じ矛盾がわたしたちにもひそんでいるのではなかろうか。

「いま私は人に取り入ろうとしているのでしょうか。いや。神に、でしょう。あるいはまた、人の歓心を買おうと努めているのでしょうか。もし私がいまなお人の歓心を買おうとするようなら、私はキリストのしもべとは言えません」(ガラテヤ一・一〇)と、パウロはきびしく自分を吟味しているが、彼もまた、自分自身のどこかに二心のあることを恐れたのであろう。

どのように主を求めるか

このような過去を持ち、このような性格のヘロデは、主イエスのうわさを聞いた時、真っ先にヨハネの再来ではないかと当惑した。そして彼は、

「この人はいったいだれなのだろう」

と言って、イエスに会って見ようとしたと、聖書は記している。

「この人はいったいだれだろう」。

このことばは弟子も叫んだことばである(ルカ八・二五)。弟子たちは、ゲラサの地に向かうガリラヤの湖上で、突風に出会い、舟が水をかぶって、危険になった時、荒れ狂う風と波を叱《しか》って静めた主イエスを見て、「風も水も、お命じになれば従うとは、いったいこの方はどういう方なのだろう」と叫んだのである。

彼らはここで、神の子イエスに出会ったのである。わたしどもにとって、イエスが神の子キリストであることの発見にまさる発見はない。おそらくこの時から、彼らの主イエスに対する態度が変わったにちがいない。もはやイエスは、単なる教師や宗教家ではなく、神の子、救い主であることを見いだしたのである。

ところが、同じように主イエスの驚くべきみわざについて聞き、「ひどく当惑し」ながら、「この人はいったいだれだろう」と叫んだヘロデは、主イエスに出会うことができなかった。彼は後に、主イエスが捕えられ、ピラトのもとでさばかれていた時、彼のもとに送られてきたことがあった。その時ヘロデは、主イエスに会えたことを非常に喜び、いろいろな質問をしたが、何一つ主のお答えを得ることができなかった。彼は熱心に主イエスを求めたが、ついに神の子イエス・キリストに出会うことができなかったのである。

同じように主を求めながら、一方は救い主の栄光を拝することができ、他はそれができなかったのはどうしてであろうか。それは、一方は主に従う者であり、他は主の傍観者であったからである。

今日、主イエスに対するさまざまな論議がなされている。しかし、どこに立って主イエスを見ているか、ということは不問に付されがちである。この点が厳密に問われずして、論議は議論を生むのみである。今日の信仰告白や神学における問題は、ここに起因しているのではなかろうか。

寂しき所の休息

さて、やがて派遣されていた弟子たちが、それぞれ思いにまさる成果を携えて帰って来た。彼らにとっては最初の伝道である。不安と期待の錯綜《さくそう》する中で、命じられたとおり、彼らは語り、労したことであろう。そして、あざやかな神のお働きを体験し、神に用いられる光栄と喜びを味わいつつ、その一つ一つを主イエスに報告したことであろう。

その報告を静かに聞いておられた主イエスは、彼らを促して、ベッサイダの町に退かれた。マルコの福音書によると、主イエスはこの時、

「さあ、あなたがただけで、寂しい所へ行って、しばらく休みなさい」(六・三一)。

と言われた、と記されている。またそれは、人々の出入りが多くて、ゆっくり食事する時間さえなかったからである、と記されている。

今日、ともすれば、忙しいことがよいことのように思われがちである。時々、分単位、秒単位で生活をしていることを得意になっている人がいる。それだけ世の中から重宝がられているのであるから、確かに多忙な生活は、その人に生きがいを与えるとも言えよう。

「忙」という字は「心が亡《ほろ》ぶ」と書く。いつしか忙しさのゆえに、心が亡んでしまうことがある。この点、宗教家や信仰者はとくに注意が必要である。信仰者は「自分たちのして来たこと」(ルカ九・一〇)に目を注ぐことではなく、自分たちを用いたもうた神に目を注ぐことが大切である。

使徒パウロが、伝道旅行を終え、母教会のアンテオケ教会に帰り、

「神が彼らとともにいて行なわれたすべてのことと、異邦人に信仰の門を開いてくださったことを報告した」

と記されている（使徒一四・二七）。

パウロはこの時、

「キリストが異邦人を従順にならせるため、この私を用いて成し遂げてくださったこと以外に、何かを話そうなどとはしません」（ローマ一五・一八）

と後に書き記しているように、神が用い、キリストが導きたもうたことにのみ目を注いでいたのである。

この目のつけどころを、いつもはっきりと神に向け、キリストに注ぐことが、わたしたち信仰者の訓練である。おそらく、主はこの訓練の必要を感じて、弟子たちを促して、ベツサイダに退かれたのであろう。

ところが、群衆はすでに先回りをして、彼らを待っていた。その姿は飼う者のない羊のようにあわれであった。主イエスは、せっかくの計画が邪魔されたわけであるが、彼らを深くあわれみ、喜んで迎え、神の国のことを話し、またいやしの必要な人たちをおいやしになった。

五餅二魚の奇跡

次々と、主イエスの前にひざまずく人々は、列をなし、いつ絶えるとも知れないほどであった。時刻はだんだんと進み、あたりは夕暮れの近きを感じさせるほどになった。しかし、主はいっこうに話をやめようとせず、いやしのわざを続けられた。

その有様を冷ややかに見ていた弟子たちは、みもとに近づき、「この群衆を解散させてください。そして回りの村や部落にやって、宿をとらせ、何か食べることができるようにさせてください。私たちは、こんな人里離れた所にいるのですから」と進言した。

当然のことである。いくら神の国の話が力強く語られても、空腹を満たすことはできない。神のみわざが行なわれても、自然現象から自由になることはできない。この世にはこの世の道理がある。いかなる信仰の力もこの世の道理を破ることはできない。弟子たちはそう考えて、主イエスに進言したのであろう。わたしたちも、しばしばこうした信仰と現実の問題にぶつかると、弟子たちのような判断をとりがちではなかろうか。

ところが、主イエスは弟子たちの一見当《いつけんとう》を得た進言に対して、「あなたがたで、何か食べる物を上げなさい」と言われた。男だけでおおよそ五千人。いったい、この人たちにどうして食べ物を供給することができるのだろうか。

弟子たちは、あまりのことばに対して、

「私たちには五つのパンと二匹の魚のほか何もありません。私たちが出かけて行って、この民全体のために食物を買うのでしょうか」

と言った。弟子たちの反発である。だれがいったいこんなことばを受け入れることができようか。

するると、主イエスは言われた。「それを、ここに持って来なさい」。主は弟子たちのささげるパンと魚を受け取り、天を見上げて、それらを祝福して裂き、群衆に配るように弟子たちに与えられた。人々はみな、食べて満腹した。そして、余ったパン切れを拾うと、十二のかごいっぱいになった。


主イエスによる奇跡が行なわれたのである。主のおことばは、けっして暴言ではなかったのである。主イエスのおことばは、主イエスがご臨在なさる時にのみ真実なのである。だから、おことばそのものがどうであるかを詮索することは愚かである。

一昨年、わたしはエルサレムを訪問した時、シロアムの池に案内された。この池は有名な鶏鳴教会の坂を下って行った所にある。十数段の階段を降りると、そこに小さな水たまりがあるが、これがあの生まれながらの盲人が、主イエスから「行って洗え」と言われたシロアムの池である。


わたしは、この階段を降りて、池の水で顔を洗ってみた。別に変哲もない水であった。顔を洗って空を見上げたが、わたしの目には少しの変化もなかった。一行《いっこう》のうちのだれかが、

「よく見えるようになったかい」

とひやかした。

「別に変わらんなあ」

と、わたしが答えると、みんながどっと笑った。変わらないはずである。わたしは主イエスから、「シロアムの池に行って洗え」と言われたのではなく、自分勝手に行って洗ったのである。

わたしはその時、ヨハネの福音書の語る、

「『行って、シロアム（訳して言えば、遣わされた者）の池で洗いなさい』。そこで、彼は行って、洗った。すると、見えるようになって、帰って行った」（九・七）とのおことばの重さをつくづくと感じた。

主のおことばに力があるのは、それが主イエスによって語られた時であり、主のご臨在のもとで、はじめてその真実さが示されるのである。人間の知識や論理では、けっして証明されたり、納得させられたりするものではない。主イエスの行なわれた奇跡を、ただわたしたちの世界で納得しようとしても、それは徒労に過ぎない。だいじなことは、わたしたちが主イエスのご臨在のもとに生きることである。わたしたちが、いまここで、主のおことばに従って生きる時、わたしたちは主イエスのご臨在のもとに生きるのであり、その時はじめて、みことばの力を知ることができるのである。

この奇跡は、珍しく四つの福音書が共に記している。これは福音書が書かれた時代、すなわち初代のキリスト教会にとって、いかに彼らを勇気づけたかを示すものであり、また死に至るまで忠実に生きた彼らは、この奇跡の真実さを知ることができたからであろう。

巨大なローマの権力の前に立って、彼らの存在はまさに五千人に対する五つのパンであった。

また彼らの持つ信仰、主イエスの存在は二匹の魚のように頼りなく思われたにちがいない。しかし、この五つのパンと二匹の魚こそ、巨大な権力を打ち負かしてあまりあるものであることを、彼らは信じ、かつまた経験したのである。そこに四福音書が共にこの奇跡を記した理由があったと私は思う。

主の全能の力に生かされる

一見寂しい所に、弟子たちを伴って退かれた主イエスの目的は、これらの群衆の心ない追従によって、邪魔されたかのごとくに思われたが、主イエスの祝福によって、「用いられる」ことのすばらしさを、弟子たちに実地訓練する機会となった。わたしたちも、しばしばこの世の力に挫折し、自分の無力に躊躇《ちゅうちょ》を感ずる。たしかにこの世は、けっしてわたしたちに味方ばかりしない。いな、むしろ、わたしたちが堅く主の側《がわ》に立って生きようとするとき、あらゆる手だてをもってわたしたちをはばもうとする。またわたしたちの力では何一つ事をなし得ない。

しかし、たといわたしたちが貧しくとも、主が臨在したもう時、わたしたちは主の全能の力に生かされて、すべてのことをなしうるのである。

モーセは、自分の力のなさのゆえに、主に従うことを躊躇した。その時主は彼に向かって、「だれが人に口をつけたのか。だれがおしにしたり、……盲目にしたりするのか。それはこのわたし、主ではないか」と諭された（出エジプト四・一〇～一二）。また、イスラエルの民が、バランの荒野に到着した時、彼らがカナンの地を探り、そこにアナクの子孫ネピリムのいるのを見て、恐れおののいた時、ヌンの子ヨシュアとエフネの子カレブは、

「もし、私たちが主の御心にかなえば、私たちをあの地に導き入れ、それを私たちに下さるだろう。……ただ、主にそむいてはならない。その地の人々を恐れてはならない。彼らは私たちのえじきとなるからだ。彼らの守りは、彼らから取り去られている。しかし主が私たちとともにおられるのだ。彼らを恐れてはならない」

と進言した。しかし、全会衆は、彼らを石で打ち殺そうと言い出した。かく彼らはこの世を恐れたがゆえに、神のことばの力を知り得なかった（民数記一三、一四章）。

聖書は幾多の証人をあげて、主が共にいましたもう時に、いかに人知をはるかに越えたわざがなされるか、また、それに用いられる人間の栄光はいかに大いなるものであるかを、われわれに教えている。しかし、ヨシュアやカレブに対するイスラエルの会衆のように、いかに神の側にのみ立ちきることのむつかしいかをも聖書は記している。

あなたは心のどこかで、聖書の告げる奇跡をせせら笑っていないか。あなたは主のおことばにもかかわらず、主に用いられることを真剣に求めようとしないでいるのではないか。あなたはこの世の道理の前に屈伏してしまっているのではないか。信じる者のみ、神の栄光を見ることができるのである。今日のわたしたちにとって、欠いているものは、神の栄光を見ることである。

人の説や、教理だけの上に立つ信仰は借りものの信仰である。わたしが、あなたが、いまここ

で、真剣にみことばに従って生きる時、巨大なこの世の現実の前に、その信仰が子供の持っているパンのように見えても、臆してはならない。主が働きたもう時、主のことばは成就するのである。たとえわたしたちがどんなに小さくても、主の全能の器とされるのである。

主は今日も語りたもう、「主の用なり」と。

共にこのおことばを受け入れ、奇跡の人として、今日の世に神に用いられる者となろうではないか。

二二　十字架を目指す

主イエスが、五千人の群衆を五つのパンと二匹の魚をもって養われたあと、ツロ、デカポリス、ピリポ・カイザリヤを巡回伝道されたと、マルコは記しているが、ルカはこれらの記事を読んではぶき、ピリポ・カイザリヤ（マタイ、マルコは明記しているが、ルカは不詳）での、弟子たちの告白に直ちに結びつけている。

このことについて、新約学者シュラッターは次のように説明している。

「ルカが、この間にあった事件をはぶいたのには、簡略をこととする彼の流儀以外に理由は見当たらない。彼は、イエスについての自分の報告が、教会の礼拝で全部読みあげられることを望んだのである。この目的のために彼は、古代の人々が、書物用に使ったパピルス巻物の一巻分の限度に合わせることにしていた。ルカがこの切りつめを、特にこの個所で行なったことを非難すべきではない。私たちが、イエスの道を洞察する上で、決定的に向上と深化をもたらすような新しい材料は、何一つ切りつめられてはいない。イエスの身を目的に向かって、まちがいなく押し進めて行った新しい歩みは、彼につき従う人たちを、十字架のみわざに向けて準備させることの中にある」（『新約聖書講解3』ルカによる福音書）。

福音書は単なる主イエスの伝記ではない。まして、主の巡回伝道旅行記ではない。ヨハネが、「イエスが行なわれたことは、ほかにもたくさんあるが、もしそれらをいちいち書きしるすなら、世界も、書かれた書物を入れることができまい、と私は思う」(ヨハネ二一・二五)と記しているが、福音書は主イエスの言行のすべてを書き記したものではない。それぞれ資料に基づいて、目的をもって書き記されたものである。したがって、一つの福音書に記されていないからといって、その史実性を疑うことはできない。記していることにも意味があり、はぶいていることにも意味があるのである。

誘惑を退ける祈り

さて、主イエスはパンの奇跡のあと、一人で山に退かれて祈られたことが、四福音書に共に記されている。ヨハネは、「人々が自分(主イエス)を王とするために、むりやりに連れて行こうとしているのを知って、ただひとり、また山に退かれた」(六・一五)と述べているが、おそらくこれが、主が山に退かれて祈られた理由であろう。

主はかつて、「この、国々のいっさいの権力と栄光とをあなたに差し上げましょう。それは私に任されているので、私がこれと思う人に差し上げるのです。ですから、もしあなたが私を拝むなら、すべてをあなたのものとしましょう」(ルカ四・六、七)との悪魔の誘惑を受けられ、「『あなたの神である主を拝み、主にだけ仕えなさい』と書いてある」とのみことばをもって、その誘惑に打ち勝たれたかたである。

パンの奇跡に喜ぶ群衆の動きの中に、悪魔の誘惑を受けられた時と同じ誘惑を受けられたのではなかろうか。

ヘブル人への手紙に、「私たちの大祭司（イエス・キリスト）は……罪は犯されませんでしたが、すべての点で、私たちと同じように、試みに会われたのです」（四・一五）とあるが、主イエスの偉大さは、誘惑を受けられなかったことではなく、いかなる誘惑にも打ち勝たれたところにある。

主は山の中での祈りにおいて、王の栄光と権力の誘惑に打ち勝ったのである。そしてただ「主にだけ仕え」て行くご自身の道を選びとられたのである。

このように、十字架の道は、一度乗ったら眠っていても目的地に着く汽車の旅のようなものではない。「日々」戦い取っていかねばならないものである。だから、主は人々に向かって、「だれでもわたしについて来たいと思うなら、自分を捨て、日々十字架を負い、そしてわたしについて来なさい。自分のいのちを救おうと思う者は、それを失い、わたしのために自分のいのちを失う者は、それを救うのです」（ルカ九・二三、二四）と言われたのである。

これはまことにきびしい道であるが、神の国に入るためには、この道以外に道はないのである。主イエスでさえも戦わずして、瞬時も悪魔に勝つことはできなかったとすれば、わたしたちが戦わずして勝利者となることは不可能である。

告白とは主への絶対信頼

主イエスが祈りの後、弟子たちに向かって、「群衆はわたしのことをだれと言っていますか」と尋ねられたところ、弟子たちが、「バプテスマのヨハネだと言っています。ある者はエリヤだと言い、またほかの人々は、昔の預言者のひとりが生き返ったのだとも言っています」（一九節）と答えた。

このことは、主イエスが他人の評を気にされたことを意味しない。そのように思うことはまちがいである。これは次の問い、「では、あなたがたは、わたしをだれだと言いますか」のための設問であり、そしてまた、弟子たちに、「人の子は、必ず多くの苦しみを受け、長老、祭司長、律法学者たちに捨てられ、殺され、そして三日目によみがえらねばならないのです」と言って、主イエスの道、主に仕える道を示すためであったと私は思う。

主イエス・キリストを口で告白すること、それはやさしい。しかし、告白とは口で言い表したことを受け入れることであり、そのとおりに生きることである。

一人の兄弟が主の恵みに感動して、召しを感じ、献身を決意した。ところが彼はすでに四十歳。妻子ある身であり、献身は当然、生活問題が伴って来る。しかし彼は、神は必ず四人の家族を養ってくださると信じて、神学校に入学を決意し、二、三の神学校を歴訪した。いずれの神学校の校長も、彼の召命について真剣に聞いてくれ、また考えてくださった。だが、どの学校の校長も、まず自分たちの生活の確立を考えてから志望するよう、勧めてくれたそうである。

新しい生活に対して、これという具体的な当ても持たない彼は、出鼻をくじかれた思いで帰って来た。わたしはこの話を聞きながら、「神学校の神さまは、四人の人間を養うことができないのか」と思った。

彼らは礼拝ごとに、「我は天地の造り主、全能の父なる神を信ず」と、使徒信条を告白している。しかし現に、三人の家族を持つ男が、神の恵みに答えんとして、一切を主にゆだねて、神学校に入学しようとする時、それは無謀であり、常識はずれもはなはだしいとして、まず自分で生活の設計を立ててから来いと言う。

そこでは、全能の神はどうなっているのか。わたしたちに必要なものを、わたしたちより先に知りたもう神はどうなっているのか。「神の国とその義とをまず第一に求めなさい。そうすれば、それに加えて、これらのもの（すなわち、何を食べ、何を着るかということ）はすべて与えられます」（マタイ六・三三）との、主イエスのおことばはどのように受け取ればいいのか。

神学校の校長として、幾人かの学生をあずかり、彼らを訓練、教育する先生には責任が伴う。学生がただ一時の情熱で入学して来ても、それが幾年もの間続くものではない。着実な準備のもとにこそ、神学校の生活を送ることができるのである。そういう意味で、わたしはこの兄弟に対する神学校長の助言は妥当であると思う。

しかし、イスラエルの民がエジプトを出て、神の約束の地に向かわんとした時、彼らは財布の中を調べたのだろうか。食糧を計算したのだろうか。

また、アブラハムが神から召命を受けた時、その旅程と手持ちの食糧を検討したのだろうか。彼らは確かに無謀であった。常識はずれの行動であった。しかし、神のことばが迫った時、そうせずにはおれなかったのである。彼らに成算の目途があったわけではない。ただ彼らは、神の全能を信じて出て行ったのである。その時、天からマナを降らせ、岩から水をほとばしらせて、彼らをはぐくまれたのである。

彼らはしばしば迷った。挫折した。ある者は耐えられなくなった。信仰の父もエジプトに頼り、自分の力で後継ぎをつくった。彼らの歴史はけっして栄光の歴史ではなかった。傷つき、そむき、神の前にはただ赦していただくよりほかなかった。しかし彼らは、この歩みをとおして、生ける神に触れ、神の恵みを味わい知ることができたのである。

わたしたちは、いつのまにか、無傷で主のみ前に立とうとしているのではなかろうか。ダニエルが神に向かって、「主よ、恥はわれわれのもの」（ダニエル九・八、口語訳）と祈っているが、私たちは、主のみ前に、失敗も恥もない、整えられた生活をしようとして、神のみことばをおろそかにしているのではなかろうか。

これは神学校の校長だけの問題ではない。かく言うわたしも、もしただ神の養いだけを信じて、何十人、何百人の人間がやって来た時、彼らを歓迎することができるか、と問われる時、おそらく私も、あの先生たちのように言うだろうと思う。

ここにわたしたちの今日の問題がある。ここに神については知っているが、神に出会っていないひ弱さ、神学については書物は書けても、生ける主の証しのできない神学者のむなしさがあるのではなかろうか。

旧約の詩人が、「彼らは自分のつるぎによって国を獲たのでなく、また自分の腕によって勝利を得たのでもありません。ただあなたの右の手、あなたの腕、あなたのみ顔の光によるのでした。あなたが彼らを恵まれたからです」(詩篇四四・三、口語訳)とうたっているが、こうした証しは、無謀なまでに神に聞き従うことによってのみ、すなわち、あの信仰告白を「アーメン」と唱えて終わるように、具体的な生活の中で生きることによってのみ、告白することができるのである。

わたしたちが説教を語る時、また、それを聞く時感ずる、あの「よそよそしさ」、福音を聞いても、「よし、福音のためには私のいのちは少しも惜しいとは思わない」というほどの力となって来ないあの空虚さ、すべてわたしたちの信仰が、信仰告白となっていないところにあるのではなかろうか。

十字架を負う生活

こうした反省をしながら、もう一度主が語られた「しもべとしてのキリストの道」について考え、その弟子たらんとする者の道を示されたおことばについて考える時、実にこのおことばが、二千年昔のものではなく、あの人やこの人のためのものではなく、わたし自身に語られているという身近さを感じることができる。

主イエスに対して、あなたは「神のキリストです」と言って、しゃあしゃあとしていたペテロ、これ以上の告白はないと自信に満ちていた弟子たち。これこそ、わたしの今の姿、あなたの現実ではなかろうか。もう一度主が、このペテロに言われたおことばを書いておこう。

「人の子は、必ず多くの苦しみを受け、長老、祭司長、律法学者たちに捨てられ、殺され、そして三日目によみがえらねばならないのです」(九・二二)。

そして、イエスは、みなの者に言われた。「だれでもわたしについて来たいと思うなら、自分を捨て、日々十字架を負い、そしてわたしについて来なさい」(九・二三)。

友よ、あなたには十字架のしるしがあるか。わたしにはない。ある信仰の友が、こんな歌を残している。

御名のため受けし傷あと持たずして
　み前にいずる恥じ知るや君

主イエスが、ご自分の人の子としての歩みについて、その弟子たらんと願う者の覚悟について語られたのは、この時が最初である。

なお、主イエスを地上の解放者のごとくに見ていた彼らは、おそらく、この主のおことばを正真正銘には受け取ることができないでいたであろう。信仰は聞くというだけでは十分ではない。聞くことは信仰の始まりである。また信仰は、みことばに従うことだけでよしとされるのではない。従うことがあまり強調されると、信仰義認の恵みが薄らぎ、福音信仰からそれることもある。

信仰はこれらのものに加えるに、神秘的体験が必要である。神秘的体験とは、けっして神がかり的な体験ではない。「体験」などというと、すぐ体験主義を連想されそうであるが、聞きなれたことばで言うと、生けるキリストとの出会いということである。

それは聖霊について、「受けよ」とか「待て」とか、「降《くだ》る時」ということばが使われているように、与えられるものである。たとえば、主イエスはわたしの罪の贖いのために十字架につかれたのである、ということは聞けばわかる。また少しでも自分が十字架を負う生活をすれば、それがどんなに深い愛によるものであるかを知ることもできる。しかし、あの二千年昔のゴルゴタの十字架が、このわたしの罪のためであったと、その迫りの前に立たされることは、神よりの示し以外の何ものによっても不可能なことである。

入門講座を開き、一生けんめいに十字架の愛について説き、あかししても、「先生の言われることはわかるけれども、わたしの十字架として、どうしても信ずることができません」と、求道者から訴えられたことがしばしばあった。

なかには、何年経っても自分のための十字架を信じることができなくて、泣きながら訴えて来た青年もあった。こんなとき、自分の限界をつくづく知らされる。わたしにとってできることは、ただ彼のためにとりなしの祈りをしてあげるほか、何もない。

弟子たちのうち、ペテロとヨハネとヤコブは、ある日、主イエスに伴われて、山に祈りに行った。その時彼らは、天与の経験を与えられた。それはどこまでも神秘的な経験であった。

ある時日曜学校の子供がこんな質問をしたことがあった。

「先生、ペテロたちはあの時、イエスさまとお話ししているのが、モーセとエリヤであるとどうしてわかったのですか」

まったく鋭い質問である。まさか名札をつけていたわけではあるまい。写真があったわけでもない。それだのに、あれがモーセで、あれがエリヤだとどうしてわかっただろう。当然の疑問である。われわれがともすると、素通りするところを、子供たちは鋭敏にその矛盾を感じ取っていることがある。まさに「若木のもとで帽子をとれ」である。

その理由はわからない。わからないが、彼らにはわかったのである。それが神秘的体験というものである。主イエスのみ衣が白く光り輝いたと記されていることを、朝日が照ったので、弟子たちにはそう見えたのであろうなどと説明する人がいる。

愚かなるかな、学者、パリサイ人よ、あなたは自分の小さな頭で、神のわざをすべて理解しようとするのか。それは一合升《ます》で太平洋の水を量ろうとするよりも愚かなことである。

「ああ、神の知恵と知識との富は、何と底知れず深いことでしょう」（ローマ一一・三三）と、使徒パウロが告白しているとおりである。

とにかく、彼らはここで律法と預言の成就としての主イエスを示されたのである。そして、救い主なるイエスを示されるということは、そこに座り込むためではないことも示された。神秘的体験の危険はここにある。それが目的となってしまうのである。そういう時「雲がわき起こってその人々をおおった」とあるように、わからなくなってしまうのである。神秘的体験は、そこに立って出て行くことであり、その確信に基づいて、主のおことばに聞き従うことである。「これは、わたしの愛する子、わたしの選んだ者である。彼の言うことを聞きなさい」（ルカ九・三五）。

天の声を聞いた弟子たちは、「恐ろしくなった」と聖書は記している。

神の現臨にふれる時、だれでもふるえおののくものである。よく礼拝などで、親切なおばさんが、若いお母さんが連れて来た赤ん坊をあやしながら、説教を聞いている姿を見ることがある。ほほえましい光景である。

しかし、わたしはこういう態度で礼拝に出ることは反対である。そこには神のことばを聞く恐れがない。みことばへのなれ、こんな態度で天の声は聞けるものではない。

礼拝が真の礼拝として、霊と真とをもってささげられるために、わたしたちはいつも、もっと真剣でなければならない。そうでないと、単なる人の集会になってしまい、人の栄光や誉れだけが問われ、神の栄光を拝することができなくなってしまう。

二三　山上栄光山麓悲惨

すばらしい光景の山上に比べ、麓《ふもと》ではきびしい現実が繰り広げられていた。

信仰は、山上における養いを必要とするが、その山上にとどまって、宗教的法悦状態に浸ることではない。最近、わたしは一人の姉妹から便りをもらった。それはわたしとの信仰の交わりの訣別の通知書であった。

彼女は、最近、ある群れに導かれ、聖霊の体験を与えられたという。その時、今日までの長い信仰生活で払拭できなかった「モヤモヤした」ものが、さっぱりとなくなり、心に喜びがあふれ、毎日が神賛美の明け暮れである、と書いてあった。

他人の信仰をとやかく言うことは、軽々になすべきではないと、わたしは常々心得ている。わたしたちの間では、十分に相手のことを調べることもせず、表面的な事柄を捕えて、無責任な批判をすることが多い。しかし、少なくともわたしには、姉妹の信仰について一つの危惧が感じられた。

それは、毎日が喜びと賛美に明け暮れているという、宗教的な「すばらしさ」である。使徒パウロでさえ、「マケドニヤに着いたとき、私たちの身には少しの安らぎもなく、さまざまの苦しみに会って、外には戦い、うちには恐れがありました。しかし、気落ちした者を慰めてくださる神は、テトスが来たことによって、私たちを慰めてくださいました」（Ⅱコリント七・五、六）と語っている。

彼はまた「このような外から来ることのほかに、日々私に押しかかる諸教会への心づかいがあります。だれかが弱くて、私が弱くない、ということがあるでしょうか。だれかがつまずいていて、私の心が激しく痛まないでおられましょうか。もしどうしても誇る必要があるなら、私は自分の弱さを誇ります」（Ⅱコリント一一・二八〜三〇）と、自分の内側を述べている。

彼のような偉大な信仰者が、「うちしおれ」たり、「心配ごと」に心が「弱ったり」したのはどうしてであろうか。それは、彼の信仰が山を下りて麓に立ったからである。彼は麓のすさまじさに出会った時、あの山上のすばらしさが霧消していくのを感じたのであろう。それを彼は正直に告白しているのである。

しかし彼は、その「弱さ」をけっして恥じない。むしろ彼は、それを「誇った」のである。なぜなら、彼はその弱さの中で、「キリストの力が宿る」のを覚えたからである。もし、かの姉妹の信仰が、喜びの明け暮れであっても、それだけで彼女の信仰が正しいとは言えない。

ヤコブは、「あなたがたは、苦しみなさい。悲しみなさい。泣きなさい。あなたがたの笑いを悲しみに、喜びを憂いに変えなさい。主の御前でへりくだりなさい。そうすれば、主があなたがたを高くしてくださいます」（ヤコブ四・九、一〇）と勧めている。大切なことは、わたしたちが山上の喜びをもって、麓に立っているかどうかということである。そこに立つ時、はじめて「神の御姿であられる方なのに、神のあり方を捨てることができないとは考えないで、ご自分を無にして、仕える者の姿をとり、人間と同じようになられた」（ピリピ二・六、七）イエス・キリストに出会うことができるのである。

わたしたちの主は「苦難のしもべ」であり、「悩みと恥にやつれし主」（『讃美歌』一三六）である。われらの目ざすところはカルバリの丘であり、われらの日々は「十字架を負う」ことである。喜びがキリスト教信仰の目的ではない。喜びは十字架の後に与えられるものである。

麓に立たない信仰は、どれだけ喜びで満ちていても、もはやキリスト教信仰とは言えない。山上はわたしたちの信仰のゴールではなく、スタートである。麓がどんなに混濁の世であろうとも、わたしたちはそこに遣わされた者である。弟子たちが山上にとどまることを願ったが、それがかなえられず、怒号うず巻く麓に立たされたのも、彼らは世に遣わされた使徒であったからである。かの姉妹のせっかくの喜びの便りを読みながら、いっこうにわたしの心が明るくならなかったゆえんはここにある。

神の臨在感

さて、前置きが長くなったが、山上の霊的経験を得た一同（主イエスとペテロ、ヨハネ、ヤコブ）が山を降りて来ると、大勢の群衆が主イエスを出迎えた。マルコ福音書の記述によると、

「そしてすぐ、群衆はみな、イエスを見ると驚き、走り寄って来て、あいさつをした」（九・一五）とある。

このことから、主イエスのお顔が、かつてシナイ山頂で、神との交わりを終えて降りて来たモーセの顔のごとく輝いたので、群衆は驚いたのであろうと想像する人がある。この時、主イエスの顔が輝いていたかどうか、それはつまびらかではないが、そこに神の臨在を感じさせるような何ものかがあったのであろう。だいじなことはこの事である。

わたしは戦争中、隣にいた戦友から軍隊の中で伝道された。ふとしたことから、彼がクリスチャンであり、特にローマ・カトリック教会の神父であることを知ったわたしは、ずいぶんひどいことばでキリスト教をなじった。外国の神さまを拝む彼の気持ちがどうしても理解できなかったのである。

わたしたちにとって、彼の主張はなんだか得手勝手なことのように思えた。日本の宗教について何一つ知らない彼が、イエス・キリストが唯一の救い主であると言ったり、キリスト教の神だけが真の神であると言ったりすることに対し、どうしても承服することができなかった。しかし、ある時、幹部候補生の試験があり、彼は優秀な成績をとりながら、序列がずいぶん低く、明らかに彼がキリスト者なるがゆえに受けた仕打ちであると、だれもが気づいたことがあった。しかし、その時当人の彼は、平然として「いいんだよ、いいんだよ」と言って、ただニコニコと笑っていた。わたしはその姿を見て、驚いた。

そしてこの時、心ひそかに、自分もキリスト信者になりたい！　と思った。みんながカンニングしても良い成績を取りたいと躍起になっている時、信仰のゆえに、ゆうゆうとその苦杯をなめている彼の姿は、わたしにはまばゆいまでに見えた。そして、わたしの中には、そのような信念がひとかけらもないことに、体の中からふるえが起こってくるような感がした。

だいじなのは議論ではない。この驚きを与えることである。そこに教会のこの世への使命があり、キリスト者が存在する意義がある。世間では聞かれないことばが教会で聞けてこそ、教会が存立する意義がある。世間でも聞けるようなことが、ただけたたましく聞こえるだけでは、教会がこの世に存在する理由がない。存在の理由を持たない教会が、鐘や太鼓で人々を集めても、新生の人は生まれて来ない。

主イエスは、山の麓に降り、そこに立ち、そこで一人の少年のてんかんをいやされた。問題を前にしながら、何一つできなかった弟子たちは、自分たちの非力はどこに原因するのかと、ひそかに主に聞いた。すると主は言われた。

「この種のものは、祈りによらなければ、何によっても追い出せるものではありません」（マルコ九・二九）と。

信仰は山の「麓」で生かされなければならない。「麓」では沈黙してしまったり、「麓」のすさまじさのために山頂にとどまったりするような信仰は、ほんとうの信仰ではない。この世がどんなに深刻であろうと、根が深かろうと、絶望的であろうと、だれにも解決できそうもないような困難な問題で山積しておろうと、神を信じる者はそれを恐れてはならない。そこに遣わされた者は、全能の神を「当てにして」、勇敢に立ち向かって行くべきである。そのために、信仰者は山頂の生活を軽んじてはならない。

クリスチャンがすばらしい人間なのではない。神が彼と共なりたもうから、神が彼をきよめて用いたもうから、クリスチャンはすばらしいのである。まことに主が言われたように、祈りにおいて、神との交わりを待たずして、われわれは他人の小指一本も動かすことはできない。この祈りをおろそかにして、「議論」ばかりに明け暮れている弟子たちや宗教家を慨嘆された主は、「ああ、不信仰な、曲がった今の世だ」と言われた。議論することが信仰ではない。たとえそれが聖書について、あるいはキリスト教信仰についてであろうとも、信仰は「何々について」考えたり、議論したりすることではなく、神との交わりに生きることである。

この神との交わりとしての祈りなしに、何人《なにびと》も神のわざをなすことができない。人を「ひきつけさせて、あわを吹かせ、彼を弱り果てさせ」る暗黒の力を追い出すことなど、たとえ人間の知恵や行為がどんなに優れていようと不可能である。ただ神の能力のみがそれをなし得るのである。そのゆえに、この不思議を見て、「人々はみな、神のご威光に驚嘆した」のである。証しとはこのことである。

少年をおいやしになった主は、再びご自分の使命について語られた。「このことばを、しっかりと耳に入れておきなさい。人の子は、いまに人々の手に渡されます」（ルカ九・四四）。

神のみ旨よりも自分たちの思いを大切に思い、神の栄光よりも自分たちが栄光を受けることを求めていた弟子たちにとって、この主のおことばは理解できなかった。また彼らはそのことを理解するために深く尋ねることを恐れた。

彼らにとっては、どこまでも自分たちの栄光だけがその願いであったのである。主はこのあとガリラヤを後にして、エルサレムに向かって旅立たれるのであるが、その道中において、弟子たちの思いを裏書きするような事が次々に起きてくる。彼らは「だれが一番偉いか」と議論し、自分たちの仲間でない者の霊的な働きを封じ、自分たちの行く道で、歓迎しようとしないサマリヤ人を焼き払ってほしいと願い出た。

よく聞かれることであるが、同じキリストを信じながら、どうしてキリスト教は幾つにも分かれているのかという質問がある。わたしはそのような質問に対して、人間は一方からだけしか見ることができないことを語り、いろいろな見方が生じてくるのは当然のことでないか、と答えることにしている。たとえば、家でも玄関から見るのと、裏から見るのと、空から見るのと、地面から見るのと、同じ家でも幾通りにも見える。しかしわたしたちは、自分のこのような限界を忘れて、ただ自分の見たのだけが正しいと考えやすい。

こうなると、問題をはらんで来る。教派問題が問題なのはこのことである。自分の信仰が正しいと信じることは、いくら信じても問題ではない。しかし、わたしの信じることだけが正しいとすることは、明らかにまちがいである。主が「あなたがたに反対しない者は、あなたがたの味方なのである」と言われたり、「天から火をよび求めましょうか」という弟子たちを「おしかりになった。そして一同はほかの村へ行った」と記されてあるのも、主イエスがいかに他者に対して寛容であられたかを示すものである（ルカ九章、口語訳参照）。

われわれはともすると、自分には寛容で、他人にはきびしくなりやすい。しかし、自分に対して徹底的にきびしく生き、他に対してはできる限り寛容であることが、信仰者の生き方である。主イエスはその道中、「私はあなたのおいでになる所なら、どこにでもついて行きます」と申し出た人に対して、

「狐には穴があり、空の鳥には巣があるが、人の子には枕する所もありません」と言われたのも、父の葬りをすませてから、主に従いたいという者、家の者に別れのあいさつをすませてから従いたいという者に対して、「死人たちに彼らの中の死人の父を葬らせなさい」と言われ、「手を鋤につけてから、うしろを見る者は、神の国にふさわしくありません」と言われたのも、すべて自分にきびしく生きることを求められたおことばである。

糞桶に飯を盛る

「昔、二宮尊徳先生のところにひとりの儒者が訪ねてきて、『村の若者たちは、自分が酔いつぶれて路傍に横たわっているのを見てからさっぱり塾に来なくなった。自分はつまらぬ者であるけれども、自分の教える教えは賢人の教えだ。どうか先生から村の若者たちを戒めてもらいたい』

と申しますと、尊徳先生は『糞桶に飯を盛って供せんにだれかこれを食する者あらんや』と答えられたそうであります。もって他山の石とすべきでありましょう」（土居真俊著『愛するということ』）。

「クリスチャンも人間ですから」とか、「牧師も食ってゆかねばなりませんから」とかいうことを、わたしたちはよく言うことがある。たしかに、わたしたちはわたしたちの置かれた現実を忘れてはならない。しかし、信仰者が自分の現実だけを主張して、それを他人に認めさせようとすることの中には、自分の弱さに甘え、そこに居直ろうとする心がひそんでいる場合が多い。

それでは先ほどの話のように、糞桶にご馳走《ちそう》を盛るようなものであって、せっかくのご馳走をむだにしてしまう。だいじなことは、糞桶のような自分をご馳走を盛るにふさわしいような器たらしめんと努めることである。これが信仰者の求むべききびしさである。

よりたやすいことよりも、よりむつかしいことに
より快いことよりも、より不快なことのほうに
より味わいのあることよりも、むしろ味けないことに
慰めになることよりも、むしろ慰めのないことに
より大いなることよりも、より小さいことに
より高くより貴重とみえるものよりも、よりいやしくないがしろにされるものへと
何かを求めるのではなくて、何ものも求めないように

この世のよりよいものではなく、より悪いものを探し求め
そして、キリストのためにこの世にあるすべてのものから全く裸になり、虚《むな》しく、心貧しくなるように

これはローマ・カトリック教会における修道の道を示すことばである。わたしはこれを読んだ時、正直に言って、こんな生活をしようと願ったことのなかったことを思い出し、つくづくと自分自身に対する甘さを感じさせられた。もちろんここに掲げられていることが、すべて肯定されるべきものであるとは言えない。

しかし、問題はわたしたちの信仰が果たして、こうした修道を真剣に求める（元は「まとめる」）きびしさを持っているかどうかということである。もちろん、このこと自体、神の前に意味があるというのではない。ただ神の恵みにふさわしく生きるために、このことは欠いてはならない。

神に胎を閉ざされ、悲しみに泣き伏すハンナは、「安心して行きなさい。イスラエルの神が、あなたの願ったその願いをかなえてくださるように」（Ⅰサムエル一・一七）と語ってくれた祭司エリのことばを聞いた時、「彼女の顔は、もはや以前のようではなかった」と記されている。エリの「安心して行きなさい」ということばには、不思議な力があったのである。それはことば自体にその力があったのではなく、それを語る者が、その不思議な力に生かされていたのである。だいじなことはこのことである。

人はことばによって喜ぶものではない。雄弁が人に平安を与えるのでもない。それを語る者が平安に生かされ、喜びにあふれていてこそ、人々を慰め、悲しむ者に平安を与える力あることばを語ることができるのである。ことばの氾濫している今日、人々が心から求めているものは、力あることば、平安を与えてくれることばである。

友よ、このことばが語れる器となろうではないか。そのために、不必要なまでに主のみ前にきびしく生きようではないか。このような生き方なしに、エルサレムまで行っても、ゴルゴタの丘に立っても、十字架の恵みに生かされることはできない。主は、このような弟子たちを訓練しつつ、一路エルサレムに向かって行かれたのである。

二四　七十人の派遣

ルカの福音書一〇章の初めに、「その後、主は、別に七十人を定め、ご自分が行くつもりのすべての町や村へ、ふたりずつ先にお遣わしになった」と記されている。九章の一節には、十二人の弟子の派遣が記されており、一〇章ではそれとは別に選ばれた七十二人の派遣が記されているわけであるが、十二はイスラエルの十二部族を表わし、七十二は異邦の世界を表わすと言われる。そして七十二人の人たちが遣わされた所は、主イエスが「行くつもりのすべての町や村」であったとの記事は、わたしたちに慰めと励ましを与えてくれるみことばである。

日本一悪い人の住む所

わたしは神学生時代から、京都の南部で開拓伝道をした。それは今から考えると、たいへん無謀な事であった。最初は日曜学校から始め、その父兄たちが礼拝に集まっていた。ところが、わずか七、八人の出席者が日が経つにつれて、だんだんと減っていき、しまいにはだれも来なくなってしまった。訪問して、その理由を聞くと、たいてい自分のことを言わないで、

「先生、あの人もこのごろ行ってまへんどっしゃろ。あの人、なんで教会に行かはらんようになったんか、言ったげましょか。あの人、この間礼拝で献金の時、お金入れはる時、先生がじろっと見はったからやって言ってはりましたえ」。

会衆が五、六人である。少し高い壇の上に座っているわたしは、目のおきどころがない。ふと顔を向けた時、たまたまその人が献金を入れるところであったのであろう。幾ら献金を入れているか、じろっと見るほど、自分はさもしくない！　わたしの心はこのことばを聞いて怒りに燃えた。

また他の人のところを訪ねると、申し合わせたように、その人も自分のことを言わないで、他人が礼拝にでなくなった理由を語る。ある者は帰りの時に挨拶《あいさつ》をしたのに、自分にだけは挨拶してくれなかったと言ったという。またある人は、説教を聞いても叱られてるみたいで、少しもおもしろくないと言ったという。原因はみんなわたしにある。しかもわたしにとって、それらは自分に覚えのないことばかりである。そんなことでくしゃくしゃしている時、近所の人がこんなことを言った。

「先生、このごろ、おうちの教会にあまり人が見えませんね。どだい、こんな所でキリスト教の伝道しようなどということは無理ですよ。ここは日本一悪い人ばかりが住んでいる所どっせ」。

また、ある人からこんなことを聞かされた。

「ここには、今まで二度キリスト教の伝道がなされました。でも、二つともやめてしまいました。だいたい、ここは太閤さんのいはる時から住みついた人が多いんでっしゃろ。なかなか新しいものにはたやすくとびつきませんわ。わたしら言うてますねん。あんたはんらがいつまで続くやろか言うて。まあ十年続きましたらえらいもんですわ」。

礼拝に出席する人がいなくなって、失望落胆している時、これらのことばは、腹の底までこたえた。

「あんた、このごろえらい元気がないの、どうしたの」

家内に気づかれまいと、できる限り明るくふるまっていたが、ちゃんと見抜かれてしまっていた。

「ここなあ、日本一悪い人が住んでるんやて」

元気のない声で言ったところ、彼女はわたしのことばが終わるか終わらないうちに、大きな声で笑い出し、

「日本一悪い人やて、だれが言ったの。どこに書いてあったの。どんなにして調べたの。そんなんうそに決まってるわ。なんでそんなこと本気で聞いたの。ハハハ、ハハハ」。

日ごろ、おれのほうが信仰があると自覚していたわたしは、家内に笑いとばされ、返すことばもなく、すごすごと勉強部屋に入った。ここはまさに、わが避け所であった。しばらくぼーっとしていたが、心を取り戻し、聖書を読もうと思って、パッと開いたところ、そこに次のようなことばがあった。

「この事ののち、主、ほかに七十人をあげて、自ら往《い》かんとする町々処々《ところどころ》へ、おのれに先だち二人づつを遣さんとして言ひ給ふ」

文語訳のルカ伝十章一節である。これを読んだ時、「自ら往かんとする町々処々」ということばにわたしの目は吸いつけられた。

「確かに、ここは日本で一番悪い人のいる所かも知らん。伝道の困難な町かもわからない。しかし、ここも主が『往かんと』された所であるならば、ここで伝道しなければいけない。わたしはそのためにここに遣わされたんだ」

そう思えたとたん、疑惑の雲や不信の恐れが消えてなくなり、わたしの心には喜びと望みが湧いて来た。さっそく、わたしは家内を呼び、このことを話した。先ほどと打って変わって、元気よく、喜びに満ちて。すると彼女は、にこにこ笑いながら言った。

「あんたの心はよう変わるなあ。女ごころとなんとやらって言うようやけど、牧師の心と秋の空やなあ。けど、まあ、はよう明るく変わってくれて助かったわ。さっきはどうしようかとわたしも思ったわ」

この時以来、わたしにとって、このみことばは忘れられないものとなった。そこがどんなに伝道の困難な所であっても、主が行こうとされた所、主が先にわたしたちを遣わされた所だと信じることができた時、わたしたちの胸は熱くなるのではなかろうか。主は時に応じて、その時でなければ聞くことのできないおことばをわたしたちに備えていてくださる。

我ヱホバを俟望《まち》む　わが霊魂《たましひ》はまちのぞむ
われはその聖言《みことば》によりて望《のぞみ》をいだく
わがたましひは衛士《えじ》があしたを待つにまさり
誠にゑじが旦《あした》をまつにまさりて主をまてり
イスラエルよヱホバによりて望をいだけ
そはヱホバにあはれみあり、またゆたかなる救贖《あがなひ》あり
ヱホバはイスラエルをそのもろもろの邪曲《よこしま》より贖いたまはん
（詩篇一三〇・五〜八、文語訳）

友よ、あなたがたとえ、どんな所におかれていようと、そこは主イエスが行こうとしておられた所であることを信じ、望みをもって、深く主に期待しつつ生きようではないか。心うなだれることは、たとえどんな時であろうと、どんな所であろうと不信仰のゆえである。わたしたちが現実に失望することは、全能の神の否定であり、これ以上の罪はない。

時が良くても悪くても

さて、主は七十二人を遣わすにあたって言われた。

「実りは多いが、働き手が少ない。だから、収穫の主に、収穫のために働き手を送ってくださるように祈りなさい」。

現実を慨嘆することをやめよう。つぶやくことによって、多くの人たちが滅んで行った。わたしが苦しい時、あなたが困難に悩む時、それをほんとうに解決してくださるのは収穫の主である。このおかたに、熱心で倦《う》むことなく求めて行くことこそ、神の召命に答えて行く秘訣である。「わたしがあなたがたを遣わすのは、狼の中に小羊を送り出すようなものです。財布も旅行袋も持たず、くつもはかずに行きなさい。だれにも、道であいさつしてはいけません。どんな家にはいっても、まず、『この家に平安があるように』と言いなさい」。

このことばは矛盾している。人々の派遣は狼の中に小羊を送るようなものである。とすれば、財布や袋や靴をこそ持って行くべきではないか。人に会えば挨拶をして、少しでも顔見知りの人を増やしておくべきではないか。それだのに、主はどうしてこれらのことを否定されたのであろうか。たしかに、それらのおことばは矛盾している。しかし、この矛盾しているところに、主イエスのメッセージがあるのではなかろうか。

それは、物や人に頼りだすと神に頼ろうとしなくなる。そのことへの戒めではないかと思う。わたしたちはなんとこうした愚行を繰り返して来たことであろう。代用品に頼って、本物を使わないことは愚かなことである。伝道が困難であったり、信仰生活にいろいろ苦しみが湧いて来る時、わたしたちはなんと人や物に助けを求めて行くことであろう。あの人に味方になってもらえば、わたしたちがこんな方法を採用すればと、躍起になっている時、せっかくの神の助けを拒むことになっているのである。小羊が狼の群れの中で生きて行くために必要なことは、神の守りである。

「わたしが、それを取り巻く火の城壁となる。——主の御告げ——わたしがその中の栄光となる」(ゼカリヤ二・五)。

これは預言者ゼカリヤが測り縄を持って、エルサレムを測ろうとする人に向かって語れと言われた預言である。自分の尺度でエルサレムを測り、その城壁を築こうとする人たちに対する警句である。わたしたちにとって必要なのは、金でもなければ袋でもない。わたしたちに必要なものは神ご自身である。このかたによらなければ「何一つできない」のである(ヨハネ一五・五)。遣わされた者のなすべきことは、平安を祈ってあげることであり、「神の国はあなたがたに近づいた」と宣言することであると主は教えられた。

祈りが口先だけのことに終わってしまいやすい。また祈ることが神の栄光のためではなく、自分の栄光や幸いのために終始しやすい。最近われわれの間に、こんな祈りに対するきびしい批判が生まれて来た。これは必要なことである。しかし、それはどこまでも真実の祈りへの批判であって、祈りを否定するためのものではない。祈りの批判が、祈りの軽視や無関心を呼んだとすれば、そのせっかくの批判は意味を持たない。マルチン・ルターは一日に少なくとも三時間は祈ったと言われる。何を犠牲にしても、彼はこの祈りの時を守ったそうである。祈りに無関心な造反運動は、それがどんなに熱心であっても、真理に立っていても真の宗教改革を生まない。「祈る」ということが軽視されると同じように、「神の国が近づいた」との福音の宣言の重大さを見過ごしにしやすい。わたしが遣わされた教会では、毎年クリスマスに市民クリスマスを催した。市の公会堂を借り、全市民を招待して守られた。それは、主イエスはすべての人の救いのために来られたのであるから、すべての人と共にそのご降誕を祝うべきであるという考えに立ってなされた。

内容は、イエス・キリストのご生涯のページェントとキャンドル・サービスの二つに限られた。もっと人々の関心を呼ぶようなプログラムを持ってはとの意見が年ごとに出たが、それではイエス・キリストのご降誕への感謝や喜びが薄くなることを思い、毎年この二つを内容としたものにした。

ページェントの練習も、単に教会学校の生徒や若い学生たちによるのではなく、教会員の全年齢層から選ばれた人たちによってなされた。このことは大きな努力を必要とした。また聖歌隊も五十名を目標にしたので、田舎の教会にとってはたいへんであった。このほか全市民にクリスマスへの招待状を配って歩くこと、ポスターや立て看板を自分たちの手で作ることなども、たいへんな作業であった。

このようにして、わたしたちの市民クリスマスは、年末の忙しい時に、多くの時間、多くの労力、そして多大の献金を費やして毎年守られて来た。ある時には千名を越える市民を迎えることができたが、またある時は四、五百名の時もあった。こんなことが何年か続いた時、ある兄弟がわたしに、

「今年は市民クリスマスをやめて、その費用（約二十万円）で餅でも買って養老院に配ったら

どうだろう」

と言った。わたしはその時、思わず大きな声で、

「餅を配ることとイエス・キリストを宣べ伝えることとは違う」と言った。それがあまりにも大きな声であったので、相手がびっくりしていた。

餅を配ることが悪いことではない。しかし、これはキリスト教会でなくてもできる。だが神の国を宣べ伝えることは教会でなければできない。これこそ教会に託された聖なる務めである。教会はこのことを、時が良くても悪くても、人が聞いても聞かなくても、語り伝えて行くべきである。そのために教会は召された者であり、そのためにこの世に遣わされているのである。もちろん、それは餅を配らなくてもよいということにはならない。しかし、教会にあっては、けっして餅を配ることが神の国の福音宣教にとって代わるようなことがあってはならない。それでは教会は生命を失ってしまう。

天に名の記されていることこそ

二つの使命を与えられて出かけて行った人々は、喜んで帰って来た。彼らは、「主よ。あなたの御名を使うと、悪霊どもでさえ、私たちに服従します」（一七節）と報告した。それは彼らが想像もしなかったことかも知れない。しかし、主の名によってなす時、悪霊までが服従するという経験をしたのである。それは彼らがしたのではなくて、主の名がそれをなしたのであるが、彼

らはそれを自分にできたと思い込んだのかも知れない。主は悦にいっている彼らに言われた。「確かに、わたしは、あなたがたに、蛇やさそりを踏みつけ、敵のあらゆる力に打ち勝つ権威を授けたのです。だから、あなたがたに害を加えるものは何一つありません。だがしかし、悪霊どもがあなたがたに服従するからといって、喜んではなりません。ただあなたがたの名が天に書きしるされていることを喜びなさい」（一九、二〇節）。と諭された。このおことばはたいへん重要なおことばである。

わたしたちは、ともすると目に見えることに喜びやすい。しかし、わたしたちは見えないものに目を注ぐのである（Ⅱコリント四・一八）。いやしの信仰や異言を語ることの陥りやすい点はここにある。いやしが非福音的であるとか、異言を語ることがおかしいというわけではない。主もいやしをなされたのであり、使徒パウロも異言を語っている。しかし、もしこのようなことが、十字架の恵みよりも大きなこととなるならばそれは非福音的であり、異端である。わたしたちにとって最も大きな喜びは、主イエス・キリストの十字架により、「名が天に書きしるされている」ということである。

ここに福音信仰の本義がある。病は他宗教によってもいやされる場合がある。異言のような超越的な事件も他宗教にもある。しかし、わたしの名が天に書き記されるのは、ただ主イエス・キリストによってのみである。わたしたちが今日キリスト教信仰を持つのは、病のいやしのためでも、異言が語れるためでもなく、わたしの名が天に記されているゆえである。

このことを思う時、わたしたちは、自分に注がれた神の愛の大いさを覚え、十字架を誇りとして生きて行かざるを得なくなるのである。

友よ、あなたはなぜキリスト教信仰を持たれるのですかと聞かれた場合、なんと答えられるや。主イエスの十字架のゆえに、わたしの名が天に記されているからです。あなたもぜひ主を信じてください。その時、あなたの名も天に記されます。

それがどんなに大きな喜びであるか、それは現実においても味わうことができるが、やがて新天新地が現われる時、はっきりとさせられることである。その時に悔いないために、いまイエスを信じてくださいと、語り伝えようではないか。これにまさる親切はない。

二五　隣人とはだれか

七十二人の選ばれた人たちは、伝道の成果を喜びつつ帰って来た時、主イエスは、「悪霊どもがあなたがたに服従するからといって、喜んではなりません。ただあなたがたの名が天に書きしるされていることを喜びなさい」と言われた。

このことは前項で学んだところだが、「あなたがたの名が天に書きしるされている」とは、「いのちの書」に記されているということであり、義と認められ、子と呼ばれる身分とされたことである。端的に言えば「罪赦されて救われた」ということである。確かにこのことはわたしたちにとって最大の喜びである。どんな事柄もこれ以上の喜びではなく、どんな不思議なことも、この喜びを上回ってはならない。

幼な子に現わす救い

ルカはこの事を述べたあと、「ちょうどこのとき、イエスは、聖霊によって喜びにあふれて言われた。『天地の主であられる父よ。あなたをほめたたえます。これらのことを、賢い者や知恵のある者には隠して、幼子たちに現わしてくださいました。そうです、父よ。これがみこころにかなったことでした』」（ルカ一〇・二一）と、主イエスが祈られたことを記している。

この祈りの中の「これらのこと」ということばは、いったい何を指《さ》しているのであろうか。ルカは最初に「このとき」ということばを用いて、この主イエスの祈りが七十二人の出来事に関するものであることを示している。そのことから、「これらのこと」とは、七十二人が罪赦されて義とされたことに関連しながら、「救い」について言っておられるということがわかる。したがって、この主イエスの祈りは次のような意味である。

「天地の主なる父よ、あなたをほめたたえます。あなたは知恵のある者や賢い者を救われるのではなく、この七十二人のような幼な子のごとき未熟な者、小さい者、自分に泣く者を救われます。これこそあなたのみこころにかなうことです」

福音とはまさにこのことである。パリサイ人が救われないで、主イエスといっしょに十字架につけられた強盗が救われるという知らせである。後に主イエスは、放蕩息子の話をされたことがある。弟は「おとうさん。私に財産の分け前を下さい」とせがんで国を出た。ところが彼は、その父の身代を放蕩のために使い果たし、無一文になり、寄るべき人もなく、豚の食べるいなご豆で腹を満たすといった状態に落ちてしまった。彼はそこではじめて目ざめ、「父のところには、パンのあり余っている雇い人が大ぜいいるではないか。それなのに、私はここで、飢え死にしそうだ。立って、父のところに行って、こう言おう。『おとうさん。私は天に対して罪を犯し、またあなたの前に罪を犯しました。もう私は、あなたの子と呼ばれる資格はありません。雇い人のひとりにしてください』」（ルカ一五・一七～一九）。

決意した彼は、立って父のもとに帰って行った。ところが父は彼をみとめ、あわれに思って走り寄り、その首を抱いて接吻し、ぎごちない詫《わ》びごとを言う息子の口をさえぎって言った。「急いで一番良い着物を持って来て、この子に着せなさい。それから、手に指輪をはめさせ、足にくつをはかせなさい。そして肥えた子牛を引いて来てほふりなさい。食べて祝おうではないか。この息子は、死んでいたのが生き返り、いなくなっていたのが見つかったのだから」（同二二～二四）と言った。

もし放蕩息子の話がここまでで終わっておれば、優しい父親の愛ということで、だれでもこのたとえを納得することができる。しかし、主イエスの話はその後にも続いている。それは兄の反応である。兄はこの父の弟に対する行為を素直に喜ぶことができなかった。否、むしろ、非常な反発を感じた。彼は父に向かって言った。「ご覧なさい。長年の間、私はおとうさんに仕え、戒めを破ったことは一度もありません。その私には、友だちと楽しめと言って、子山羊一匹下さったことがありません。それなのに、遊女におぼれてあなたの身代を食いつぶして帰って来た子のためには、肥えた子牛をほふらせなさったのですか」（同二九、三〇）。

これは確かにおかしい。まじめに働く兄に対しては、子山羊一匹も与えなかった父親が、放蕩三昧《ざんまい》に耽《ふけ》った後、身代を使い果たして帰って来た弟に対しては、肥えた子牛をほふって喜ぶというのは明らかに矛盾しており、この兄ならずとも納得することはできない。

しかし、実はこれが福音とはそういうものなのである。知恵ある者、賢い者が救われないで、無学な者、罪人が救われるというおとずれなのである。

親鸞の「歎異抄」の中に、「善人なおもて往生をとぐ、言わんや悪人をや」という教えがあるが、これもわれわれの納得のいかないことばである。これがもし「悪人なおもて往生をとぐ、言わんや善人をや」というのであれば、だれも疑問には思わない。しかし善人でさえ往生するのであれば、悪人はまして往生するなどと言われたのでは、善人の立つ瀬がない。ところがこの教えこそ、宗教の基本構造というものが端的に示されているものであると、東京神学大学の北森嘉蔵教授が語っておられる（読売選書『日本の心とキリスト教』）。

以下、少し北森教授の所説を紹介してみよう。

「私の理解するところでは『宗教そのもの』の基本構造は、徹底性ということと、『どんでん返し』ということとである。この二つがなければ宗教の名に価しない。——徹底性とは、読んで字のごとく『底に徹する』ことである。もう一つ言い換えれば、『どん底に徹する』ということである。一般に日本語では『徹底』ということばは、積極的、肯定的な意味で用いられる。『徹底』ということは、良い意味の形容詞であり、『不徹底』ということは悪い意味の形容詞である。しかし字義から言えば、『徹底』の『底』とは、最低の所であるから、実はかえって否定的な意味を最も言えるのである。しかも、この否定的な意味での『徹底』が、肯定的、積極的な意味での『徹底』に転じるところに、第二に挙げた『どんでん返し』の秘密があるのである。人間として最低の所たる『底』に徹することが、宗教としては真の『徹底』と充実に到達することなのである」。

「徹底ということは底に徹することであるが、その『底』というものは、自己の限界であることは明白である。たとえば『鍋の底』という場合には、鍋から言えば自己の内部の空間を限界までたどって行き着くところが『底』である。ところで『自己の限界』は、必ず自己を超えたものと自己とが相接するところである。鍋の底という限界は、鍋の内側とそれを超えた外側とが相接するところである。人間のどん底としての限界は、必ず人間を超えた他者——すなわち超越的他者と人間が相接するところである」。

「まず『徹底』の消息は、悪人としての自覚となって現われる。『罪悪深重、煩悩熾盛《ぼんのうしじょう》』の自覚である。ここにおいて人間は、文字どおり『どん底』に徹する。これに反して『善人』としての自覚は、不徹底を意味する。それは『自分はどん底に立つ者ではない』ということを暴露している」。

徹底して生きようとする時、そこで出会うのは悪人としての自分である。宗教の基本構造は、神への徹底であるがゆえに、そこでは悪人としての自覚が起きて来、われわれが悪人としての自覚に立つ時、そこで神に接することができるのである。言い換えれば、救いにあずかることができるのである。これが北森教授の所説である。

昔、中国に馬祖という傑僧がいた。彼は禅僧南岳のもとで修業に励んだ。ある日馬祖が坐禅をしていると、南岳師が彼に問うた。

「坐禅して何を求めているのか」

すかさず馬祖は、

「成仏――仏になる」

と答えた。南岳は側の一枚の瓦を取り、庵《いおり》の前の石でみがき始めた。南岳師の奇行を見て驚いた馬祖は、

「師よ、何をしておられるのですか」

と尋ねた。

「みがいて鏡にするのじゃ」

と、平然と答える南岳に、

「瓦をいくらみがいたとて鏡になりますまい」

と、半ばあっけにとられるように言う。南岳は静かに、

「坐禅して仏になれるかな」

と返した（奥村一郎著『祈り』）。

わたしたちはいつのまにか、自分が瓦であることを忘れ、自分が鏡になれると思い込み、一心に自分をみがいているのではなかろうか。そしてそれが、宗教生活だと思い込んでしまっていないだろうか。

自分は瓦であって、鏡にはなれないことを知ることが、悪人としての自覚である。しかしそれは、けっして諦《あきら》めではない。一心にみがいたものが見いだす事柄である。徹底の発見である。だから自分は瓦であって鏡にはなれないということは、徹底生活を抜きにしては気づかないことであり、したがって、この罪人意識は前提となるべきものではなく、結果として見いだすものである。

ボンヘッファーも語っているように、もしこのことが逆になると、いわゆる「安価な恵み」となり、福音はその味を失ってしまう。自分が鏡になれると思うことも、自分が瓦であると初めから諦めてしまうことも、共に自己に対する不徹底から来るものであって、そこでは救いの神に出会うことはできない。

主を喜ぶ態度

この問題が取り上げられたのは、良きサマリヤ人の話である。ある律法学者は主イエスに向かって、「先生。何をしたら永遠のいのちを自分のものとして受けることができるでしょうか」と聞いた（ルカ一〇・二五）。

この質問の根底には、自分の努力によって鏡になれるという思いがうかがわれる。そこで主イエスは、「律法には、何と書いてありますか。あなたはどう読んでいますか」と問いを返され、それに要領よく答えた彼に対して、「そのとおりです。それを実行しなさい。そうすれば、いのちを得ます」と勧められた。

すると彼は、「では、私の隣人とは、だれのことですか」と再び問いかけている。ここには、自分は隣人を愛して来た、いったい自分の愛さなかった隣人とはだれのことですか、という自信がひそんでいるようである。そこで主は、あの良きサマリヤ人の話をされたのである。

「ある人が、エルサレムからエリコへ下る道で、強盗に襲われた。強盗どもは、その人の着物をはぎ取り、なぐりつけ、半殺しにして逃げて行った。たまたま、祭司がひとり、その道を下って来たが、彼を見ると、反対側を通り過ぎて行った。同じようにレビ人も、その場所に来て彼を見ると、反対側を通り過ぎて行った。ところが、あるサマリヤ人が、旅の途中、そこに来合わせ、彼を見てかわいそうに思い、近寄って傷にオリーブ油とぶどう酒を注いで、ほうたいをし、自分の家畜に乗せて宿屋に連れて行き、介抱してやった」(同一〇・三〇〜三四)。

この話の中で、祭司やレビ人は「反対側を通り過ぎて行った」と話しておられる。これは旅人の側からのことばであって、本人たちから言えば「自分の側」ということである。それに対してサマリヤ人の場合は「近寄って」と言われている。「近寄る」とは「自分の側」を出るということである。

彼は確かに隣人を愛して来たかも知れない。しかし、その愛に問題があった。すなわち、彼の愛は自分の側に立つ愛であった。しかし、愛とは他者の側に立つことである。自分の側に立つ愛は見せかけの愛であり、偽りの愛である。ここに彼の生き方の不徹底さがある。そのゆえに彼は自分が他者を愛し得ない者であることに気づかない。

そして「何をしたら永遠のいのちを自分のものとして受けることができるでしょうか」と、主に問うたのである。

「愛」とは、良きサマリヤ人のように、「近寄って」行くことであり、「隣人になる」ことである。もし彼が、このような愛に生きようとすれば、そこで、そのように生きられない自分に出くわしたことであろう。

主イエスは、この話の最後に「あなたも行って同じようにしなさい」と言われたが、これを倫理的に受け取り、主イエスの愛の勧めと解釈する人が多いが、わたしはそうは思わない。それでは福音信仰とは言えないと思う。

このことばは、愛の徹底を勧められたものであり、そこではじめて人は、自分が「どん底」の存在であり、「何をしたら永遠の生命が得られましょうか」などと言えない存在であることを知ることができるのである。

主は、律法学者がまずそのことを知ることを求められたのである。それを知り、そこに立たないかぎり、赦しの神と出会うことはできないからである。

わたしは主イエスのこの良きサマリヤ人の話は、二重写しになっていると思う。そこでは傷つける旅人は、わたしたちであり、良きサマリヤ人は主イエスである。わたしたちが愛の徹底に生きようとして、そこで完敗する時、すなわち、「どん底」に立つ時、「反対側」からでなく、「近寄って」来て、われらを介抱してくださるかたがいるということである。

わたしたちは、ここではじめて、「わたしは正しい人を招くためではなく、罪人を招いて、悔い改めさせるために来たのです」（ルカ五・三二）と言われたかたに出会うことができるのである。

もし、このかたがいらっしゃらなかったら、わたしたちは徹底して生きる時、絶望するよりほかにないことになる。主が弟子たちのほうにふり向いて、ひそかに「あなたがたの見ていることを見る目は幸いです。あなたがたに言いますが、多くの預言者や王たちがあなたがたの見ていることを見たいと願ったのに、見られなかったのです。また、あなたがたの聞いていることを聞きたいと願ったのに、聞けなかったのです」と語られたのは（同一〇・二三、二四）、義人が救われず、悪人が救われる世界が、主イエス・キリストのご来臨によって実現したことを言われたのである。

その後、福音の宣言をされた主は、旅を続けてある村に入られ、そこでマルタ、マリヤの家の客となった。マルタは主イエスを迎えて接待にいそしんだ。ところがマリヤは、主の足もとに座ってみことばに聞き入っていた。マルタは忙しさのあまり、心を取り乱し、妹に手伝いをするようにおっしゃってくださいと願った。すると主は、なくてはならぬものは多くはない、いや、一つだけである、マリヤはその良いほうを選んだのだ、そしてそれは、彼女から取り去ってはならないものである、と言われた。

この話もまた、すぐには納得のいかぬおことばである。これについてもいろいろと解釈がなされる。しかしこの話も、救い主が到来されたという状況の中で聞かれなければならぬおことばである。

マルタは「主を喜ばそう」とした人であり、マリヤは「主を喜んだ人」である。主は自分は「仕えられるためではなく、かえって仕えるためであり、また、多くの人のための、贖いの代価として、自分のいのちを与えるためなのです」(マルコ一〇・四五)と宣言された。

このような主に対して、ふさわしい態度とはいったいどのような態度であろうか。それは主を喜ばすことではなく、主を喜ぶことである。したがって、このような状況の中で、マルタの取った態度は、「ふさわしい」態度ではなかったのである。今は主を喜ぶ時である。

兄弟姉妹よ。わたしたちもいつのまにか、神がわたしたちのためにしてくださった恩恵を忘れて、自分の義を主の前に打ち立てようとしていないだろうか。あなたにとって取るべきこと、それは福音をしっかり聞いて、それを喜ぶことである。これはキリスト者から取り去ってはならないものである。

おわりに

マルタとマリヤの物語をもって唐突に幕を閉じるこの本は未完成であり、それはきっと、いかなるキリスト者の信仰告白も不完全であり、中途であるという単純な事実以上のことを示唆している。

福音書は半分も残っている。イエスがロバに乗ってエルサレムに入城するのも、捕えられ、十字架につけられるのも、埋葬され、復活するのもまだ先のこと。ゴルゴダの丘で「文句なしに胸の熱くなるのをおぼえ」、ガリラヤ湖畔で「イエスさま、すみませんでした」となんどもくり返した榎本保郎ならば、彼がここで書けなかったことこそ、彼が本当に書きたかったことなのだと想像するのは難しくない。「もしこれが書ければ、わたしの生涯の最も大きな喜びであり、光栄である」と彼は記しているが、それは叶わぬ願いだった。書くという時間と生きるという時間は、必ずしも歩を合わせるわけではないのだろう。

私は、「神はこんな石ころからでも、アブラハムの子たちを造り出すことがおできになる」（ルカ三・八、新共同訳）というヨハネの戒めを片時たりとも忘れたことはないが、同時に、この本のことばに自分がつながる伝統の一端をどうしようもなく見いだす者でもある。「信仰は不確かなものを確かなものとすることではなく、確かなものを確かとすることである」（四五頁）という。目には見えぬもうひとつの現実を、確かなものとして信頼してきたその伝統に、私もこちらが何かしたわけでもないのに、一方的に生かされているのだ。

だからこそ、私は誤解を恐れずに、しかもそのことを多大な敬意とともに書くのだが、彼のことばはどこまでも、時代によって条件づけられたことばであるし、限界を持った受肉のことばであると思う。日本という帝国に生まれ、家父長制に育てられ、その価値観を内在化させ、敗戦という危機にあって自らを名づけ直し、「イエスさまと私とのかかわり」を発見し、「主の用なり」ということばに飛び込み、神にとらえられた榎本保郎のことば。戦後の日本社会にあって傷ついた、いや傷つけられた人々――それが聖書の「いやし」の排他性を問いただすハンセン病の療養者であれ、脳性麻痺を患い、寝たきりになった詩人であれ、父を日本兵に殺された台湾の原住民の牧師であれ――とのかかわりの中で、その個人と向き合い、自らを省みる葛藤の中で、そして神とのたゆみない対話の中で、絞り出されたことば。それは五十年後にそのことばを読む私たちを、時に戸惑わせ、違和感や疑問すら抱かせる。なんの問題もない。それでいい。なぜなら、それこそ榎本保郎のことばが生きていることの証左であり、それが普遍の一端を指し示す可能性を秘めていることの証拠であるのだから。

結局、榎本保郎がなんどもくり返す戒めを、彼のことばを今読む私たちも、自らに突きつける以外に、この本を誠実に読む方法はないのだと思う。つまり、「いつまでも人の言っていることばだけにたよっているようでは、その信仰は確かさを持つことはできない」(四五頁)ということを。私たちは、五十年後の今にあって、彼を見るのではなく、彼が見ようとしたその人を、彼が見ようとしたその態度でもって、見ようとしなければならない。そうせずに私たちが榎本保郎のことばを無条件に崇めてしまうのならば、私たちは彼の遺産を滅ぼしてしまうだろう。それは彼が忘れられることよりも、もっと悪い。

もしそれが、待ったなしの現在の危機にあって、私たちの魂に炎を灯すためでないのだとしたら、なんのために榎本保郎の五十年前のことばを掘り起こす必要があるのか。もしそれが今、ますます荒《すさ》んでいくこの荒野にあって、私たちが己の内側に、杖としての「別の王国」を持つためでなかったとしたら、なんのために彼を呼び覚ます必要があるのか。もしそれが矛盾と痛みと不安の多い山の麓にあって、頂に逃避するのではなく、なおそこに立つためでなければ、なんのために死者の声を聞く必要があるのか。

「死んでいる者たちに、自分たちの死者を葬らせなさい」(ルカ九・六〇、新共同訳)。私たちが死者を必要とするのは、彼らを神とするためではなく、彼らの問いが、私たちの現在の問いと地続きにあるからだろう。彼らについて語ることの多い私たちであるが、彼らとともにある方法を見つけたい。榎本保郎がその生涯を賭けたことばを生かすのか、それとも殺すのか、それはそのことばと格闘しようとしている今の私たちにかかっている。

この未完成の本は、閉じられているのではなく、開かれている。ここにあるのは答えではなく、招きである。この本は、私たちの背中をきびしくも押しているのだ。私たち一人一人が、誰の権威に依るのでもなく、神とのかかわりを（再）発見しようと。巷にあふれるイエス伝にもかかわらず、私たちがいかに二千年前のイエスと関係しているのか、自らの小さな、複雑な声で証しする勇気を持とうと。そんな短調の偉業を可能にする不思議な力に応えようと。

だから、この本が途中で途切れていることを、私はとても嬉しく思う。

【付記】

この文章を書いてから一年が経った。その一年で、すでに四万人以上のパレスチナ人が殺され、なおイスラエルによる虐殺はやむ気配さえない。そんなただなかで、ある一人の伝道者の聖地への巡礼記を読むとは、いかなる営為なのだろう。結局のところ、この虐殺は五十年前から続いているのであり、聖地にあって人々は殺され、土地を奪われ続けてきた。今は、榎本保郎が見たものよりも、彼が見なかったもの、彼には見えなかったものについて考えてしまう。ゴルゴダの丘は、他にあったのではないだろうか。だから私は一年前の結論を繰り返したい。彼のことばには限界がある。それを生かすのも、殺すのも、そのことばを読む私たちにかかっている、と。

二〇二四年十一月十二日、伊江島にて

榎本　空

聖書は、当時のまま、記載のない限り日本聖書刊行会の『聖書 新改訳』（第１版）を、使用しています。

エッケ・ホモ（この人を見よ）キリストの生涯

2024年12月25日発行

著　者　榎本保郎

印刷製本　モリモト印刷株式会社

発　行　いのちのことば社
〒164-0001 東京都中野区中野2-1-5
電話 03-5341-6924（編集）
03-5341-6920（営業）
FAX 03-5341-6921
e-mail:support@wlpm.or.jp
http://www.wlpm.or.jp/

ISBN 978-4-264-04534-2